裁判おもしろことば学

大河原眞美 著

大修館書店

法廷はことばのガラパゴス　～はじめに～

実際の裁判を見たことがありますか？

頭脳明晰で弁舌さわやかな弁護士と、眼光するどい検事との、丁々発止《ちょうちょうはっし》のやりとり。息づまるような白熱した議論の応酬。その様子をかたずをのんで見守る傍聴人たち…。

そんなドラマのようなシーンを想像していた方は、初めて本物の裁判の様子を見ると、ちょっと拍子抜けするかもしれません。検察官の前には分厚い書類ファイル。裁判官による事務的で機械的な進行。書類を棒読みでぼそぼそと読みあげる検察官。退屈のあまり居眠りをはじめる傍聴人たち…。手に汗にぎるスリリングな法廷ドラマからはほど遠いというのが実態です。

このような状況を外国の裁判の様子とくらべたとき、「ガラパゴス的状況」だと言う専門家もいます。ガラパゴスというのは、進化論の生みの親、チャールズ・ダーウィンがビーグル号に乗って到達した、ガラパゴス諸島のことです。南米大陸から一〇〇〇キロ離れた海に浮かぶこの島々は、大陸から切り離されて、長いあいだほかの土地と交流をもたなかったため、イグアナやゾウガメなど、独自の進化をとげた風変わりな生物たちの宝庫となりました。モデルにしたはずの西欧の司法とはまったくちがったものになってしまった日本の法の世界を、特異な進化をとげた奇妙な生き物たちがすまう、ガラパゴス諸島に見立てているのでしょう。

なぜこのような状況が生まれたのでしょうか。この背景には、議論の巧みさや口の達者さよりも寡黙を尊ぶ日本人の価値観、あるいは、なにごとも「お上《かみ》」まかせで、議論して合意を生み出すという意識の希薄な風土などがかかわっているのではないか、と私はにらんでいます。いずれにせよ、このような裁判のありかたへの反省が、裁判員制度導入の引き金のひとつとなっていることはまちがいありません。

そして、このガラパゴス的状況は、裁判における文書中心主義だけにとどまりません。明治時代に急速に西欧の法体系を取り入れ、その概念を翻訳してスタートした日本の法の世界。そこには、従来日本にはなかった概念を急ごしらえで無理やり直訳したために、日本語としてこなれない表現や誤解をまねくような用語、一般市民には理解しがたい奇妙なことばがウヨウヨしています。それらが、「法の世界」という、外界から隔絶されたガラパゴスのような狭い世界の中で、独自の進化をとげながら定着し、生きのびているのです。

二〇〇九年五月の裁判員制度の実施は、市民不在の裁判を改め、広く開かれた司法をめざすものです。そうであるならば、このような「ことば」のガラパゴス的状況も、改められなければなりません。もちろん、裁判員制度開始に向けて、法曹界をあげての努力もなされています。全国の地方裁判所では模擬裁判が年に何度も開かれ、どのように話したら裁判員にも理解できるか、どのような裁判の進め方がよいかなど、検討が進められています。私がかかわった日本弁護士連合会（日弁連）の「法廷用語の日常語化に関するプロジェクトチーム」も、そうした趣旨から、法廷用語をやさしく言い換えるための提案をおこないました。（この結果は、『やさしく読み解く　裁判員のための法廷用語ハンドブック』という本にまとまっています。）

本書は、裁判員に指名されるかもしれない読者のみなさんに、このガラパゴスのような裁判のことばの世界を、楽しくわかりやすく紹介しようという意図で執筆しました。「へえ、こんなことばを使うんだ」「うわあ、日常のことばとだいぶ意味がちがうなあ」などと気楽なきもちで手に取っていただければ幸いです。法廷のことばの様子をのぞいてみることで、これまで別世界の人々だと思ってきた法律家たちの頭のなかが、ちょっとだけ見えてくるかもしれません。そうして、法の世界を少しでも身近に感じていただけるようでしたら、これにまさる喜びはありません。裁判員制度の時代、裁判のことば、法廷のことばをつくっていくのは、みなさんや私など、一般市民なのですから。

目次

2章　六法のなかのフシギなことば　～法律のなかのことば～　65

3章 法廷というキミョーなことば

～法律家たちのことば～

【法廷ことばミニ辞典】

Essay エッセイ

装丁・本文デザイン――――鳥居　満
表紙・とびらイラスト――クリヤ セイジ

1章　人生を左右する「アイマイなことば」

～判決にかかわることば～

「無罪」ってどういう意味か、ちゃんと考えたことありますか？　じゃあ、「事実」は？「疑い」は？　あたりまえだと思っていたことばも、よく考えてみると、意味を説明するのはむずかしい。でも、そういったことばが法廷で使われると、人の一生、ときには生命すら左右する力をもちます。

この章では、判決のゆくえを左右するような重要な概念を表すことばを取り上げ、その意味と向き合うことにしましょう。

イノセントな人は無罪？

キーワード
無罪・有罪
イノセント
無罪推定　無実

「無罪」ということばを辞書で引いてみたことがありますか。たとえば、次のように出ています。

①罪がないこと。
②刑事事件で、被告人の行為が犯罪にならないこと。または犯罪が証明されないこと。またその判決。⇔有罪
（明鏡国語辞典）

①の意味は、私たちがふつうに思い描く「無罪」、②のほうは、法廷で使われる厳密な意味での「無罪」だといえます。私たちは、日常生活では①のような漠然とした理解のしかたで生活しています。だから、テレビのニュースなどマスコミの報道でいろいろな情報を知っていて、「こいつ、絶対に犯人だよ」と感じるような事件で、「無罪」判決が出ると、「えっー」と納得いかないきもちになります。また、殺人者が「そのときに善悪の判断ができない状態だった」などの理由で「無罪」となったとき、いきどおりを感じることもあります。このようなきもちは、「無罪」ということばの、①と②のギャップから生じている面もあるかもしれない、と思います。

赤ちゃんの罪の無い寝顔に心癒《い》やされる。
罪の無いいたずらなんだから、目をつぶってやろう。
罪の無い子どもたちが、飢餓に苦しむようなことのない世界にしたい。

このように、「罪の無い」という表現には、悪意が無くて純粋、無邪気であるという、天使のようなイメージがあります。日常語である「無罪」①にも、このようなピュアなイメージがついてまわっています。凶悪な殺人事件で逮捕された容疑者が、「無罪」となったときの違和感は、このような日常語のニュアンスともかかわっているようです。

一方、法廷用語としての「無罪」②は、それとはまったく異なる概念です。現在の日本の法体系は、主に明治期に移入された西欧の法概念が基礎になっていて、この「無罪」②の意味は、もともとヨーロッパからきた考え方なのです。たとえば、英語では、判決で「無罪」を宣告するとき、

Not《ノット》 guilty《ギルティ》!

と言います。guiltyとは、「⑴法や規則を破っていること。⑵道徳的に悪いことや社会的に受け入れられない行為をし、そのことに責任があること。⑶罪の意識をもっていること。」といった意味です。not guiltyは、guiltyではない、guiltyとは言えない、ということですので、「法を破って

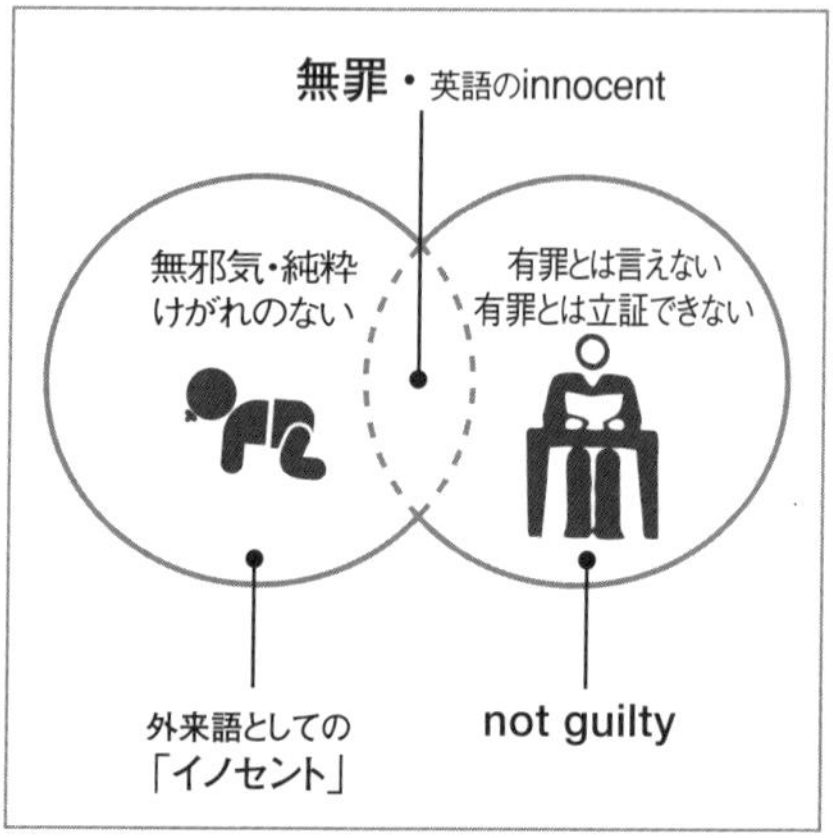

いるとは言えない、罪を犯していてそのことに対して責任があるとは言えない」という意味になります。日常語の「無罪」①には、純粋、無邪気といったニュアンスが含まれるのに対し、法廷用語である「無罪」②は、「有罪だと立証できない」という、とても理屈っぽい意味なのです。

英語にはinnocentということばもあり、今日では日本でも、カタカナ外来語で「イノセントな人」などと使われています。「イノセント」は、日本ではもっぱら「純粋な、けがれのない、無邪気な」といった意味で用いられますが、もとの英語innocentにはそのほかに、「無罪の」という意味もあります。その点では、not guiltyよりもinnocentのほうが、日本語の「無罪」と意味が近いといえるかもしれません。

「無罪」とよく似たことばに「無実」があります。これは、「罪を犯していないのに罪があるとされること」で、やはり「無罪」とは意味が異なります。「濡れ衣」と意味が近いといえるでしょう。

裁判員に指名された場合、私たち一般市民が、被告人の「有罪／無罪」の確定に大きくかかわることになります。そのときに、「無罪」ということばの法廷における正しい意味を理解していないと、「こんに怪しい人が無罪なんておかしい！」といった感情的な議論になってしまいます。ちなみに、法律家に聞いてみると、みなさん「無罪」＝「not guilty」と考えている、ということでした。

刑事裁判には、「無罪推定」「疑わしくは被告人の利益に」といったことばがあります。これは、「被告人が有罪だということを、検察官が納得のいくように説明できないときには無罪」という意味で、「有罪」と「無罪」の関係をよく示しています。「無罪」は、たしかに「有罪」の対義語ですが、その関係は対等ではありません。「有罪」であることが証明されないときはすべて「無罪」なのですから、「有罪」よりも「無罪」のほうがより広い範囲をカバーしているといえます。

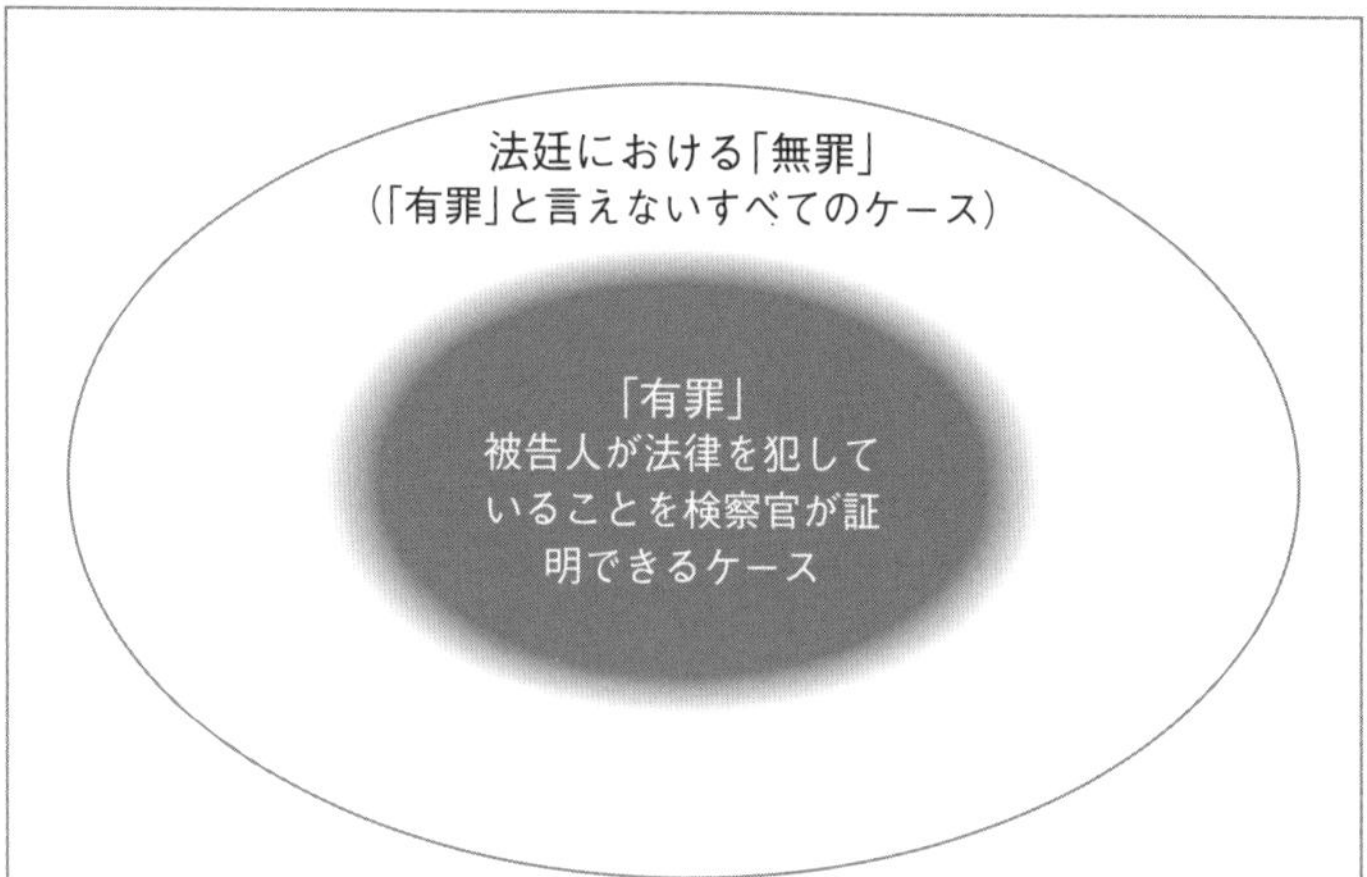

事実ではなくても「事実」

キーワード
冒頭陳述　事実

クイズ

刑事裁判では、まず、起訴状朗読などの冒頭手続がおこなわれた後、証拠調べ手続に入ります。（P19を先にご覧いただくと、わかりやすいかもしれません。）この証拠調べ手続のはじめにあるのが、「冒頭陳述」です。冒頭陳述とは、次のような規定にもとづくものです。

証拠調のはじめに、検察官は、証拠により証明すべき事実を明らかにしなければならない。
（刑事訴訟法二九六条、傍線引用者、以下同）

では、問題。——線部の「事実」ともっとも意味が近いと考えられるのは、どれでしょうか。

A　事件の真相　B　事件の疑問点　C　事件の本質　D　事件のストーリー

国語辞典には、「事実」の意味が次のように出ています。

①〔名〕実際に起こった事柄。また、実際に存在する事柄。
②〔副〕ほんとうに。実際に。
（明鏡国語辞典）

この一般的な語感から考えると、A「事件の真相」と答えてしまう人が多いのではないでしょうか。この場合でいえば、被告人が実際に罪を犯していて（＝事実）、それを検察官が証拠によって証明する、と考えてしまうということです。ところが、この場合、「事実＝真実・真相」と考えることには、大きな問題があります。

解答　D

冒頭陳述は、裁判のはじめに、検察官や弁護人が事件をどのようにとらえているかという、事件のとらえ方の概要を述べるものです。これから証拠調べ手続で提出する証拠によって、どのようなことを証明しようとしているのか、その見取り図をあらかじめ示しておく、ということです。実際、検察官は必ずおこないますが、弁護人はこれまではやってもやらなくてよいものでした。あまりおこなわれてこなかったようです。ただし、裁判員裁判の対象となる事件では、弁護人にも義務づけられることになりました。

検察官の冒頭陳述の内容は、検察官が「こういう事実があったにちがいない」と信じていることではあっても、この段階では「真相」や「真実」とはいえません。刑事裁判では、被告人は有罪の判決を受けるまでは無罪であると想定する、無罪推定（P15）の原則があるからです。

日弁連の「法廷用語の日常語化に関するプロジェクトチーム」では、「冒頭陳述」ということばを、次のように言い換えることを提案しました。

　検察官や弁護人が証拠調べ手続の最初に述べる事件のストーリー

冒頭陳述で「事実」として示された事柄でも、日常語として考えたときには「事実ではない」こともありうるわけです。

もうひとつ、「事実」に関する話題をご提供しましょう。「名誉毀損《きそん》」についての条文です。

公然と事実を摘示《てきじ》し、人の名誉を毀損した者は、その事実の有無にかかわらず、三年以下の懲役若《も》しくは禁錮《きんこ》又は五十万円以下の罰金に処する。（刑法二三〇条①、ルビ引用者、以下同）

「事実」が二回使われていますね。公然と「事実」を摘示（⇒指摘、P39）したのだから、その人が実際におこなったことや、その人についての本当のことを、あばきたて、おおやけにしてしまったのだろう。こんなふうに、つい思ってしまいませんか？　ところが、その後に「その事実の有無にかかわらず」とあります。「えっ？　事実を示したのに、事実の有無にかかわらずって…」と混乱してしまいます。

ここでの「事実」は、何らかの「ことがら」という程度に理解しておいたほうがよさそうです。他人について、何らかの「ことがら」を指摘して名誉を傷つけた場合は、その「ことがら」が本当かウソかにかかわらず、罰を受ける、というわけです。

「事実」という単純なことばをめぐっても、法廷と日常とのあいだには深い深いみぞがあります。

【法廷ことばミニ辞典】

刑事裁判の流れ

裁判員が加わって裁判がおこなわれるのは、刑事裁判のうちの重大事件だけです。刑事裁判のおおまかな流れを知っておけば、裁判員に指名されても安心です。

冒頭手続

被告人の氏名の確認、検察官による起訴状（P128）の朗読、黙秘権についての説明などがあります。

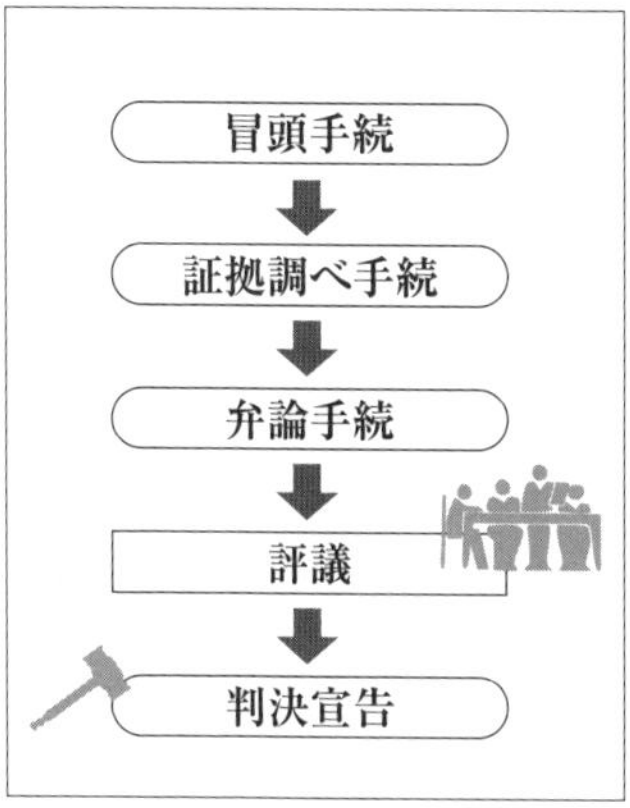

証拠調べ手続

最初に冒頭陳述（P16）があり、続いて、証人尋問や、被告人質問、その他の証拠の吟味がおこなわれます。裁判の中心ともいえる部分です。

弁論手続

検察官が論告（審理をふまえた検察側の最終的な主張）をおこない、その末尾で求刑意見（刑罰の種類、程度）を述べます。次に、弁護人の弁論（弁護人の最終的な意見のまとめ）があります。

評議

裁判員裁判の場合は、三人の裁判官（一人は裁判長）に、六人の裁判員も加わり、話し合って判決を決定します。証拠調べ手続の途中で「中間評議」がおこなわれることもあります。

「合理的な疑い」は合理的？

キーワード
合理的な疑い

クイズ

裁判員制度によっておこなわれている、ある刑事裁判が、いよいよ大詰めを迎えました。三人の裁判官と六人の裁判員が別室に集まって、「評議」（P19）がおこなわれています。ここでの話し合いで、有罪か無罪か、判決が決まるのです。裁判長が一般市民である裁判員たちの表情を眺めながら、次のように言いました。

「これまで見てきた証拠にもとづいて、みなさんの常識に照らして考えたとき、検察官が主張している事実に合理的な疑いがあるようでしたら、被告人は…」

この後に続くことばとして、適当なのはどちらでしょうか。

Ａ「有罪となります。」

Ｂ「無罪となります。」

「合理的な疑い」は、「有罪／無罪」の判決に大きな影響を与える要素で、法廷や法律家のあいだでよく使われることばです。にもかかわらず、日本語としてこなれておらず、誤解をまねく表現ではないか、と思います。

解答　B（「合理的な疑い」がある場合は無罪となります）

「合理的な疑い」とは、英語でいうreasonable《リーズナブル》 doubt《ダウト》の直訳です。専門の辞典を見てみると、

> 刑事訴訟においては、訴追にかかる犯罪事実が検察側より「合理的な疑い」を超える程度に証明されないかぎり、被告人は有罪とされない。
> （『英米法辞典』田中英夫編）

とあります。これ自体、とてもわかりにくい文章ですね。同じことを、おおざっぱにかみくだいて説明すると、こういうことになります。

> 証拠にもとづいて、常識に照らして、有罪とすることに少しでも疑問があったら、有罪にはできない。

検察官は、被告人が有罪であることを証明するために、公訴事実（P128）を示し、冒頭陳述をおこなって、その後さまざまな証拠を提出します。それによって、被告人が有罪であるというストーリーを完成させようとするのです。そのストーリーに対して、裁判員や裁判官が納得した場合は、「有罪」となります。しかし、そのストーリーに、ちょっとでも「無理があるな」と感じたら、「有罪にはできない」、すなわち「無罪」となるわけです。

日本語の「疑い」を辞書で調べてみましょう。

①事実や思わくと違うのではないかと思うこと。不審感。疑念。「報告に―を抱く」

②悪い物事があるのではないかと思うこと。「殺人の―がある」「―が晴れる」「―の目で見る」

（明鏡国語辞典）

このように、二つの意味が出ています。「殺人の疑いがある」などの例があがっているように、日本語の「疑い」には、②の「悪い物事があるのではないかと思う」というニュアンスが強くあります。法廷という人の犯罪を裁く場で「(合理的な) 疑いがあるので…」と言われると、つい、「有罪」につなげて考えてしまう人がいても、無理もないことでしょう。

欧米語の doubt の語源は、ラテン語までさかのぼります。double《ダブル》と同語源で、二つから一つを選ぶ、ということから、「迷う」「疑問に思う」「疑う」という意味になりました。日本語の「疑い」より中立的で、「何かが真実であるかどうかを疑う、何かが正しいかどうか疑問をもつ」といったニュアンスです。したがって、「合理的な疑い」と訳されている reasonable doubt の doubt の意味は、検察官が組み立てたストーリーが真実であるかどうかに、疑問を感じる、ということになります。

また、「合理的」というのも、とても抽象的で、意味がつかみにくい漢語ですが、もともとの

reasonableは、「理にかなっている、正当な」という程度の意味です。今や外来語として「リーズナブルなお値段」などとも使いますね。つまり、みんなが納得できること、もっともであること、でたらめではないということです。ですから、「合理的な疑いがある」とは、検察官が組み立てたストーリーに対して、もっともな疑問、常識的に考えてまっとうな疑問がある、ということです。

このように、西欧語の直訳によってスタートした日本の法体系のなかには、もともとの原語の意味に戻って考えたほうがよほどわかりやすいことばがあるのです。「合理的な疑い」は、その概念が輸入されたとき、こなれない訳語で直訳されたまま、ひとまとまりの法廷用語として日本の法の世界に定着し、使われてきてしまいました。

さすがにこのような状況にも、「合理的な疑い」がもたれる時代を迎えたようです。裁判員制度開始を前に、わかりにくい法廷用語、誤解をまねくようなことばは、使用をひかえたり言い換えたりしよう、という機運がもりあがってきました。「合理的な疑い」は、わかりにくい法廷用語の代表として、言い換えられたり説明が加えられたりしているようです。それでも、このことばを長年使いなれた法律家が、ふと口にしてしまうことはよくありますが。

裁判員制度そのものに対しては、さまざまな問題点の指摘もあり、賛否両論あるのが実情です。しかし、少なくとも、法廷のことばをより開かれたものにしていこうという流れを生み出した点については、評価できると私は考えています。

殺意のグラデーション

キーワード
未必の故意　確定的故意
認識ある過失　認識なき過失

住宅地を走っていた自動車が、道路のわきを歩いていた子どもと接触し、死なせてしまった。そのとき運転していた被告人Aの主張。

① 子どもがいるなんてまったく気づかず、車に何か当たったので飛び出してみたら子どもだった。
② 子どもが歩いているのは知っていたが、道幅に多少ゆとりもあり、まさかぶつかるとは思っていなかった。
③ 子どもが歩いているのは気づいていた。ぶつけようと思ったわけではないが、急いでいたので、ぶつかってもいいや、というきもちがあった。
④ 子どもがふらふら歩いているのに気づいた。いらいらしていたこともあり、ぶつけてやれ、と思った。

子どもをはねて死なせてしまった、というこのケース。起こった事実はひとつですが、裁判では、この状況をより細かく分析し、それによって被告人がつぐなうべき罪にも大きな差が出てきます。①を「認識なき過失」、②を「認識ある過失」、③を「未必の故意」、④を「確定的故意」と呼びます。

①②はどちらも「過失」になり、自動車運転過失致死傷（七年以下の懲役もしくは禁錮、または百万円以下の罰金）という刑になります。七年間の刑務所暮らしと、百万円以下の罰金（最少の場合は一万円）のひらきは大きいですね。この範囲のなかで、どの程度の刑になるかは、①の「認識なき過失」なのか②の「認識ある過失」なのか、つまり、「認識」の有無によって大きく変わってくることになります（もちろん、情状（P39）など、その他の要素でも変わってきます）。

なお、ちょっと脱線しますが、このような自動車事故の場合、従来は、業務上過失致死傷（五年以下の懲役もしくは禁錮、または百万円以下の罰金）という刑が適用されてきました。自動車運転過失致死傷は、平成十九年（二〇〇七年）に刑法が改正され、新しくつくられた規定で、七年以下の懲役ですから、刑が重くなっています。これは、その前年、福岡市で、公務員が酒を飲んで運転する車が前の車に追突し、幼児三人が犠牲になった事件もきっかけになっています。

冒頭の例に戻りましょう。③④はどちらも「故意」となります。この場合は殺人罪（死刑または無期もしくは五年以上の懲役）となります。死刑と五年の懲役のあいだにも、大きなひらきがありますね。このように幅のある規定のなかで、どの程度の量刑が採用されるかは、③の「未必

		刑罰（Ｐ24の交通事故の例の場合）
故意 犯罪をおこなう意思	**確定的故意** 結果を発生させようと思って～した	**殺人罪** 死刑または無期もしくは５年以上の懲役
	未必の故意 結果が発生してもかまわないと思って～した	
過失 不注意	**認識ある過失** 結果が発生してもかまわないとは思わなかったが、危険を知りながら～した	**自動車運転過失致死傷罪** ７年以下の懲役もしくは禁錮、または100万円以下の罰金
	認識なき過失　不注意で～した	

の故意」が認定されるか、④の「確定的故意」が認定されるかによって、大きく左右されることになります。

③の「未必の故意」は、「密室の恋」と勘違い（？）されたりして、わかりにくい法廷用語の代表とされるものです。「必ず～してやろうと思ったわけではないが、そうなってもしかたがないと思った」ということを意味します。

ふつう「殺意」といえば「殺そうという心」という程度に理解されていますが、法廷ではそれをこのように細分化し、まず、「過失」なのか「故意」なのか、そして、過失の場合には、「認識なき過失」なのか「認識ある過失」なのか、故意の場合には、「未必の故意」なのか「確定的故意」なのか、厳密に検討されることになります。それによって量刑が大きく変わってくるからです。

もうひとつ、交通事故の実例をあげましょう。車から降りて破損した車の具合を見ていた女性が、後続するトラックに二度ひかれて死亡する事件がありました。トラックの運転手は、「（女性を一度はねてから）逃げようとしたとき、倒れている女性の体に後輪で乗り上げた。たぶん死ぬだろうと思った」と供述したため、裁判所は「被告人には未必の故意が生じていた」と認定しました。

トラックの運転手が、「危ないとは思ったが、ひいてしまうとは思わなかった。死ぬとも思わなかった」などと主張すれば、「認識ある過失」とされたかもしれません。もちろん、「逃走の際に、女性を殺しちまえと思った」と言えば、「確定的故意」と認定していたでしょう。

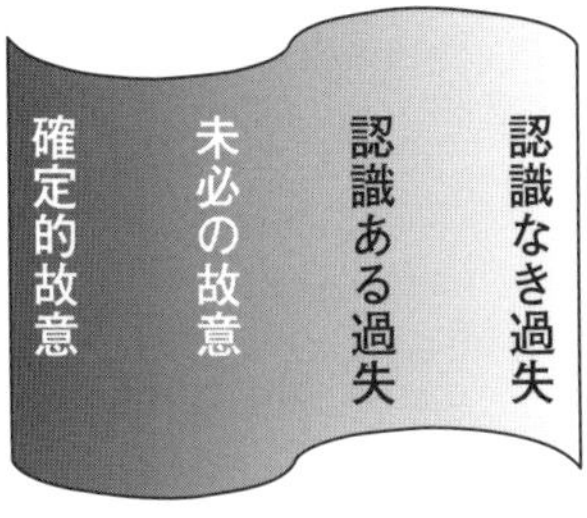

「殺意」のグラデーション

「未必の故意」と「確定的故意」の区別もやさしいものではありませんが、「認識ある過失」と「未必の故意」のちがいも微妙です。相手が死ぬという結果が発生する可能性を認めているのが「未必の故意」、危険性は認めつつも相手が死ぬという結果は想定していなかったのが「認識ある過失」です。この微妙なちがいが、「故意」の有無の境界線になり、人が亡くなった場合には、殺人罪か過失致死罪かの重要な決め手となります。

「未必の故意」は、もともと西欧の法概念のなかにあった語句を、明治期に日本に移入する際、漢語によって翻訳したことから生まれました。「未必」とは、「必ずしも〜とはかぎらない」という意味で、中国の古典に見られ、現代中国語でも用いられることばです。日本語としては、法廷用語以外では、ほとんど使われてきませんでした。それでも、「殺意」の細分化が必要とされる法の世界では、重宝され、珍重されてきたわけです。いかめしい漢語を用いて法律の世界を箔づけしてきた面もあるかもしれません。裁判員制度において、このような珍奇なことばが誤解のもとにならないといいのですが。

一方、最近、おもしろい現象も起こっています。

法廷用語以外でも「未必」の使用例を目にするようになったのです。「未必の恋」や「未必のキス」、「未必の戦争」などという使用例もネットに出ています。法廷用語であることを意識しつつ、あえてパロディー風に用いているケースが多いようです。「そうしようと思っているわけではないけれど、結果としてそうなってもかまわない」という微妙な心理状態を一語で表せて、意外と便利なためかもしれません。裁判員制度のおかげで、法廷用語が一般の目に触れる機会が増え、「未必」も市民権獲得の段階にきたということでしょうか？

【法廷ことばミニ辞典】

「法」ということば

「司法」「法律」「法令」…。「法」が付くことばは、じつにたくさんあります。かんたんにまとめておきましょう。

法　法律全般を一般的にさす場合、あるいは、「司法」と同じ意味合いで使われる場合など、さまざまです。一般的で、おおまかなことばです。もともと「法」という漢字は「灋」と書き、「さんずい」＝水、「廌」、「去」を合わせたもので、おきてを意味します。廌は古代中国の裁判で使われた神獣。裁判にやぶれると、汚れた廌を革袋に入れ、水に投じ去りました。

司法　立法、行政とならぶ、「三権分立」の「三権」のうちの一つです。人を裁く権力を一般的にさします。

法曹　司法制度の担い手、特に、裁判官、検察官、弁護士を合わせてさすことば。広い意味で法にかかわる実務家や法学者を含む場合もあります。

法律　厳密には、国会で成立した成文法（文章で書き表された法）を意味します。一般的に、「法」と同様に使われることもあります。

法令　法律と命令（行政機関が定めるきまり）をさすほか、条例（地方公共団体が定める）や裁判所規則などを含むことがあります。一般的な定めを総称する言い方として、訓令などを含む場合もあります。

法規　「法」とほぼ同様に、広く一般的に法体系全体をさします。「憲法は国の最高法規」という表現で有名ですね。

法例　法令がいつどこで適用されるかというルール。「法例に照らして対処する」などと使います。

無断欠席は「自白」

キーワード

自白（擬制自白）

ある取調室の様子。

激しく机をたたき、額に青筋を立てて容疑者にせまる鬼刑事。

「いいかげんに吐いたらどうだっ！　お前がやってるのはわかってるんだよっ！」

おびえて体をすくめ、うつむいて頭を抱える容疑者。

鬼刑事のとなりにいた、一見おだやかな顔つきのもう一人の刑事が、やさしくささやく。

「どうだ、そろそろ言っちまったら。自白すればずっと楽になるぞ。」


古典的な刑事ドラマの一コマ（のつもり）です。多くの人の「自白」のイメージはこのようなものではないでしょうか。あるいは、犯罪者が良心の呵責《かしゃく》にたえられず、警察に自首して、うつむいたままぼそぼそしゃべりはじめる、という場面を想像するでしょうか。

いずれにせよ、「自白」とは、「自分のやった悪いことを自分から述べること」という意味で、「声に出して述べる」という印象が強くあることばだと思います。しかし、法の世界における「自白」は、必ずしもそのイメージに合致するとはいえません。

民事裁判（P33）における「自白」は、次のように定義されます。

自己に不利益な法律関係の基礎となる事実を認めること

（『法律用語辞典』有斐閣）

このケースが当てはまる例のひとつは、法廷への「無断欠席」です。えっ、なんで？　と思いませんか？　実例をお見せしましょう。

　被告は、適式の呼出を受けながら、本件口頭弁論期日に出頭せず、答弁書その他の準備書面を提出しないから、請求原因事実を明らかに争わないものと認め、これを自白したものとみなす。

これは、著作権侵害にかかわる、ある民事事件の判決文の一部です。事件の詳細は省きますが、被告は、他人のホームページから一部を無断で自分のホームページに掲載したため、掲載部分の削除と慰謝料・弁護士費用を求める裁判を起こされました。被告は、裁判の日（口頭弁論期日）に法廷に出て来ず、自分の言いぶんを書いた書類の提出もしていませんでした。すると裁判官は、被告が「自白した」とみなし（これを擬制自白といいます）、原告の主張を認める判決を出した、というわけです。

この事件の被告は、おそらく、自分が悪いことをしているとわかっていたので、裁判に出ても意味がないと思ったのでしょう。しかし、無断欠席が「自白」とみなされてしまうというのはちょっと意外です。「自白」とはある事実を「認める」ことであり、欠席することにより相手側の主張を全面的に「認めた」と解釈されるのです。何にもしゃべってないのに、「自白」した、とされてしまうことがあるんですね。みなさん気をつけましょう。

民事事件の「自白」は「認める」ことに力点がおかれていますが、刑事事件の「自白」は、「自分から言う」点が重要とされます。刑事事件における「自白」は、次のように定義されます。

自己の犯罪事実の全部又は重要部分を承認する供述

（『法律用語辞典』有斐閣）

わかりやすくいうならば、「自分のやった犯罪を認める発言をする」といった程度の意味で、私たちの日常的なことばの感覚とほとんどちがいはありません。刑事事件の「自白」のほうが、ドラマや小説などで触れる機会が多く、日常的な語感に入ってきているのでしょう。

法廷のことばがややこしいのは、「自白」というひとつのことばが、民事事件と刑事事件で異なった意味で使われていることです。これでは、「自白」ということばひとつをとっても、「法律がわからないと、ことばがわからない」ということになってしまいます。本来は、ことばによって知らない世界の概念を理解しようとするものです。ところが、法の世界では、まず法律の概念があり、それにことばを当てはめたという順序になっているのです。

ことばは単なる概念を表す記号ではなく、ほかの人とコミュニケーションをとるためのものでもあるはず。そういった視点を、法の世界でも大切にしてもらいたいものです。

【法廷ことばミニ辞典】

裁判いろいろ

裁判の種類について、まとめておきます。

民事裁判

個人と個人の間（または法人の間）のもめごとを解決する裁判です。法廷でおこなわれる審理を「口頭弁論」と呼びます。訴えを起こした人を「原告」、起こされた人を「被告」と呼びます。本人が出廷することもできますが、弁護士を「代理人」として立てることもできます。

刑事裁判

刑法に触れるような犯罪の処罰を決める裁判です。法廷でおこなわれる審理を「公判」と呼びます。訴える側が「検察官」で、訴えられる側が「被告人」です。捜査の結果、検察官が被告人を裁判所に訴えることを「公訴」と呼びます。公訴にあたって、検察官が事件の要点をまとめたものを「公訴事実」（P128）と呼びます。なお、事件の被害者や遺族などが、警察や検察庁に犯罪の処罰を求めて申し出ることを、「告訴」といいます。また、ひき逃げ現場を見た人など、第三者が警察や検察庁に申し出るのは「告発」です。詳しい状況などを捜査したうえで、検察官が公訴を決めると裁判になります。裁判員が裁判に加わるのは、この刑事裁判のうち、重大事件だけです。

行政裁判

個人と役所（行政機関）との裁判です。公害や薬害の裁判などが有名ですね。そのほか、交通事故で障害を負ったため運転免許の取消の処分を受け、これを不服として裁判所に訴えを起こす、といった場合があります。民事裁判と同様、訴えた側は「原告」で、訴えられた役所は「被告」です。

善意の悪人、悪意の善人

キーワード
善意・悪意
善意の第三者
即時取得

クイズ

民法によく出てくることばとして、「善意の第三者」というものがあります。これに当てはまる人としてふさわしいのは、次のうちどれでしょうか。

ア　電車内で妊娠中の女性を気づかって、席をゆずってくれた見知らぬ人。
イ　落とした財布を拾って交番に届けてくれた、親切な通りがかりの人。
ウ　友達からもらった腕時計が、じつは友達の弟の物だということを知らずに使っていた人。
エ　隣の空き家が他人の持ち物なのは知っていたが、誰も住んでいないと家が荒れると思い、手を入れて自分の部屋として使っていた人。

「善意」は、法律用語としての意味と日常語としての意味が大きくちがうものとして、とても有名です。学生時代ちょっと法律学を学んだ、という方にはおわかりでしょう。しかし、知らない人にとってみれば、「ええっ?」というような、とんでもない意味のちがいがあります。

解答　ウ

日常生活における「善意」「悪意」は、だいたい、次のような意味で使われています。

「善意」…①善良な心。他人のためを思う心。好意。「―からした行為」
②ある事柄についての、よい方の意味。よい見方。「―に解釈する。」

「悪意」…①人を憎み害を加えようとする、邪悪な心。わるぎ。「―を持つ。」
②悪い意味。「発言を―に取る。」

（明鏡国語辞典）

ところが、法の世界ではこれらとはまったくちがった意味で用いられています。たとえば、

取引行為によって、平穏に、かつ、公然と動産の占有を始めた者は、善意であり、かつ、過失がないときは、即時にその動産について行使する権利を取得する。（民法一九二条、即時取得）

これは、冒頭のクイズの選択肢ウのような場面にあたるものです。友達のAくんがくれた腕時計を使っていたBさん。しかし、それはじつはAくんの弟のものだった。Aくんの弟が「返してよー」と言ってきた場合、Bさんは時計を返さなければならないか。民法一九二条によれば、Bさんが、「善意」で「過失がない」場合は、返す必要はない、ということになります（必要がない

というだけで、心情の面では別問題です）。この場合の「善意」を、「善良な心」などと考えてしまうと、とんでもないことになります。法律における「善意」は、次のような意味なのです。

「善意」…ある事実を知らないこと

この場合でいえば、Bさんが腕時計の本当の持ち主を知らず、Aくんのものだと考えていたことを、「善意」と呼びます。Bさんが、「腕時計の本当の持ち主はAくんだ」と信じていたことがポイントなのです。この場合は、Bさんはこの腕時計をそのままもらってもよいことになります（これを即時取得といいます）。もし、このとき、Bさんが「これはホントはAくんの弟のだよな。でも、お兄ちゃんのAくんがくれるって言うし、もらっちゃってもいいかな」などと思っていたならば（＝腕時計の真の持ち主がAくんの弟だと知っていたならば）、Bさんは、「悪意」で腕時計をもらっていたことになり、Aくんの弟に返す義務が生じます（即時取得の不成立）。

「悪意」…ある事実を知っていること

冒頭のクイズの選択肢エの例は、この「悪意」の例です。仮に、「空き家のまま放置しておいたら家が荒れるだろうな。ちょっと使ってあげたほうが、持ち主が帰ってきたときも喜ぶんじゃないのです。

いかな」などと、「善意」（日常語の意味）でやってあげているつもりでも、他人の物だと知っていて占有していることは、法律上、「悪意」とみなされます。

このように、法の世界における「善意」「悪意」は、道徳的な価値判断を含まず、ある事実を「知らない／知っている」ということを意味します。ですから、悪人だって「善意」のことがあるし、いくら善良な人でも「悪意」とみなされることがあるわけです。そして、「善意」の者は保護され、「悪意」の者は保護されない、というのがおおむねの法の規定です。

日常生活では、ふつう、知っていることはいいことです。さまざまな知識、情報、法律などの専門知識にいたるまで、知っていることでそれ相応の対価や評価が与えられます。だからこそ、知識を得るためにわざわざ学校に通い、本や新聞を読み、インターネットを駆使して情報を求めるのでしょう。ところが、法の世界では、「知らない」＝「善意」というプラスのニュアンスのことば、「知っている」＝「悪意」という否定的なニュアンスのことばなので、なんともややこしく、面食らってしまいます。なんでこんなことになっているのでしょうか。

法の世界において「知らない／知っている」が問題となるのは、たいてい、知らないから許されるという、マイナス方向の知識や情報です。その事実を知っていれば責任が生じますが、知らなければ責任はなく、その結果についても保護の対象となるのです。先ほどの例でいえば、Bさんは、腕時計の真の持ち主を知らず、Aくんの持ち物だと信じていました。だからBさんは、「A

くんからもらった自分は、この腕時計の正当な持ち主だ」と信じていたということになります。このように、法における「善意」の人は、あることを信じるだけの相当の理由があったということになります。だから、権利を保護されるのです。もしBさんが腕時計の真の持ち主を知っていたらどうでしょう。本当はAくんの物ではないと気づいていたなら、そもそも、もらわないのではないでしょうか。Aくんがくれたとしても、自分が正当な所有者だと信じる根拠は、ぐらついていることになります。法律が保護してくれないのは、そのような考え方からでしょう。

法律用語としての「善意」「悪意」のルーツは、ラテン語にまでさかのぼります。ローマ法の用語がフランス語やドイツ語その他、西欧諸国に引きつがれ、明治時代にはそれが直訳されて日本に渡ってきたのです。西欧における法の長い歴史のなかで、「善良、誠実」→「悪気があってやったわけではない」→「知らないでやった」ということで、「善意」＝「ある事実を知らない」という特殊な意味で定着していったと考えられます。

日本の法律用語が難解な漢語だらけの近寄りがたい存在であるのと同じように、西欧においても、法律用語はラテン語そのまま、あるいはラテン語由来のことばが使われ、日常語とはまったく異質な世界をつくりあげてきました。審判に使われることば、人を裁くことばは、それらしい厳格さ、品格の高さ、そして、ある種の異質さが求められるのかもしれません。「善意」「悪意」も、ヘンテコなことばとして有名になりながらも、当分生きつづけていくような気がします。

【法廷ことばミニ辞典】

法廷の常識は世間の非常識？

法の世界では常識として頻繁に用いられることばでも、「世間一般では通用しないよなあ」というものがいろいろあります。法廷でよく使われることばのうち、一般になじみの薄そうなものを紹介しましょう。

情状　犯行の動機・被告人の性格・年齢・境遇など、刑を決めるために考慮される具体的な事情のこと。「情状」だけだと被告人にとって有利な事情も不利な事情もさします。「情状酌量」というと有利な情状だけを意味し、減軽（P148）の対象となります。

公務所　官公庁など、公務員が職務をおこなうところ。要するに役所。

事由　「理由」や「原因」とほぼ同義で、じつに頻繁に使われます。

準用　ある事柄に関する法律の規定を、他の類似の事柄にもあてはめること。法律の中で同じ内容のくり返しを避けるために頻繁に使われます。

摘示　かいつまんで示すこと。摘出して示すこと。「指摘」とほぼ同じような意味合いで使われます。

瑕疵　「かし」と読みます。「きず」のこと。何らかの欠点、欠陥があることをさします。

改悛の情　「改悛の状」とも書きます。受刑者が自分の犯した犯罪について深く反省し後悔していること。「仮釈放」（P160）の要件のひとつとなります。

予備　日常語では「予備の電球」など、前もって準備しておく物をいいますが、法律では、「内乱の予備又は陰謀をした者は…」（刑法七八条）など、「やろうと思って準備する」という意味で使われます。「予備罪」（P135）ということばもあります。

胎児は人間か？

キーワード
胎児　私権
相続　堕胎

お母さんのお腹の中にいる胎児は、ひとりの人間として、権利を認められるべきでしょうか？生命倫理の見地からこの問題を考えても、議論百出でしょう。それぞれの人生観、生命観など、価値観に大きく左右される問題だろうと思います。しかし、じつはこの「胎児」問題は、厳密・公正をむねとする法の世界においても、一筋縄ではいかないものなのです。民法では、胎児について次のように考えます。

私権の享有は、出生に始まる。（民法三条）

出生する前の胎児には、「私権」が認められません。たとえば、土地の売買や所有する資格（権利能力、P157）がないということになります。民法で人間としての「私権」が認められるのは、胎児が母胎からすっかり出て、出産が完了した時からです（全部露出説）。

しかし、例外があります。たとえば、母親が妊娠中に父親が病死した場合、父親の財産は、どのように分配されるでしょうか。胎児は「私権」をもたないので相続できないとすれば、母親が父親の財産の三分の二を、父親の両親が残りの三分の一を相続することになります。父親の死後に生まれた子どもは、相続できないということになってしまいます。これでは子どもに不利だということで、次のような規定があります。

胎児は、相続については、既に生まれたものとみなす。　（民法八八六条）

つまり、相続については、胎児は一人前の人間として扱われることになります。この条文によって、父親の遺産の配分は、母親が二分の一、そして子ども（父親の死亡当時の胎児）が二分の一（子どもがこの子一人の場合）、父親の両親はゼロになります。ただし、これは子どもが生きて産まれることが前提になっています。死産や流産の場合は、人間扱いされません。

同様に、損害賠償や遺言による財産贈与の場合にも、胎児は、すでに生まれた子どもとして扱われます。このように、民法の胎児に関する規定は、生まれた後の子どもにとって保護されるべき点は何か、という観点からつくられているといえます。

一方、刑法では、堕胎罪と殺人罪をどの段階から適用するか、という観点から胎児を見ようとします。堕胎罪とは、次のようなものです。

妊娠中の女子が薬物を用い、又はその他の方法により、堕胎したときは、一年以下の懲役に処する。　（刑法二一二条）

堕胎罪は、殺人罪にくらべて刑がそうとう軽いものです。しかも、堕胎は、

罪名	堕胎罪（刑法212条）	殺人罪（刑法199条）
刑罰	1年以下の懲役	死刑、又は、無期若しくは5年以上の懲役

「人工妊娠中絶」ということばに化粧がえされて、認められているのが現状です（母体保護法一四条）。

堕胎罪と殺人罪では刑の重さが大きく異なるため、その認定には緻密さ・厳密さが必要とされます。母胎にすっぽり入っている胎児を死なせた場合は堕胎罪ですが、母胎から胎児が一部でも出ているときに胎児を死なせれば、殺人罪になります（一部露出説）。つまり、胎児が母親の身体から一部だけでも出ると一人前の人間として扱われますが、母胎に完全に入っている間は、人間として扱われていないのです。

刑法でも民法でも、その基本的な定義としては、「胎児は人間ではない」ということになります。刑法では、殺人罪を考慮し、胎児の身体の一部が母胎からちょっとでも出たときをもって、人間とみなします。一方の民法では、完全に身体が母胎から出たときをもって人間とみなし、例外的に出生前でも人間として扱う場合があります。刑法と民法とで、「胎児」の意味がちがうわけです。このあたりの厳密さ、細かく意味を区分していく考え方は、日常的な感覚とは異質なものだといえるでしょう。

人間の生死の判断、たとえば、脳死ひとつをとっても、「死」の定義はむずかしいものです。同様に、「生」の定義も、かんたんにはいかないということでしょうか。

E s s a y

「試練」と「審判」

英語のordeal《オーディール》（試練）という語の起源は古く、日本でいえば奈良・平安時代ごろの英語（古英語）に由来します。元来の意味は、「試練」ではなく「審判」でした。人の裁きではなく、「神」の裁きです。

「トリスタンとイゾルデ」という物語をご存じですか。ケルトの民間伝承で、多くのバリエーションがあります。ここで紹介する「トリスタンとイゾルデ」は、ordealの意味が「審判」から「試練」へとうつってゆく理由、そして西欧流の裁判における「真実」とは何かを考えさせます。

＊

コーンウォール王マルクの騎士、トリスタンは、媚薬のため王妃イゾルデに強い恋心を抱く。二人の関係に気づいた王は、王妃の不貞を疑った。王妃は潔白を証明するために、ordeal（審判）を受けることになった。

イゾルデは審判の場所に小舟で向かう。イゾルデと示し合わせて巡礼者に変装したトリスタンは、群衆に交じって岸辺で待っていた。舟が岸に着くと、王妃は、「降りるのを手伝って」と、岸辺にいる巡礼者に言った。巡礼者に化けたトリスタンが、手を差しのべる。ところがその時、足を踏み外してバランスを失い、王妃がころびそうになった。トリスタンはとっさに王妃を抱きかかえたが、二人はひっくり返ってしまう。

当時の審判（ordeal）では、火中に入れて真っ赤になった鉄板が嘘発見器のように使われていた。真実を語っていればさわっても手には何の変化もない。だが、嘘をついていたら手がやけどでただれてしまう。

審判の場でイゾルデは誓う。「私は、これまで王以外の男性の腕に、もちろん、さっきの巡礼者は別ですが、抱かれたことは一度もありません。」イゾルデは、真っ赤な鉄板にさわった。神は審判を下した。イゾルデの白く美しい手はそのままであった。

＊

イゾルデはたしかに「真実」を語り、貞操を「証明」したのです。神も法律家も、審判における「ことば」に重きをおき、それによって判断を下します。ことばとことばの合間をぬってうまくすり抜ければ、都合のよい「真実」が確定してしまうのです。

「スナック シャ・ネル」は CHANEL 系列？

キーワード
誤認　混同　類似

場末のパチンコ店が、「パチンコ ディズニー」という看板を掲げているのを見つけたら、どう感じますか？ ブランド名を侵害するのは許せない？ ま、ご愛敬でいいんじゃない？ 黙殺？ ここでご紹介するのは、街角の小さなスナックのママが、店名の表示をめぐって、世界のファッションブランド、シャネル（CHANEL）を相手に立ち回りを演じた裁判です。

平成四年（一九九二年）、東京近郊のある町の駅のすぐそば、古びたビルの二階にある「スナック シャネル」が、天下のシャネル社から訴えられました。「シャネル」という営業表示（店の名前）の差し止めと、一千万円の損害賠償を求めての訴訟です。

親戚から勧められて、軽いきもちでつけた店名でした。あまりにも高額な要求にママは驚き、あわてて看板を「シャレル」に替え、これで大丈夫、と思ったようです。しかし、シャネル社は甘くありませんでした。訴えの内容を、「シャネルまたはシャレルその他シャネルに類似する表示を使用することの差し止め」に変更して、さらに迫ってきたのです。

有名なブランド名を自分の店の名前に使うことのよしあしはともかく、「シャネル」という名前は　美容院やスナックなどに比較的多く使われています。この町にも、「シャネル」という名前のスナックがもう一軒ありました。「スナック　シャネル」のママは、なぜ自分だけが訴えられるのか理解できませんでした。

一方、シャネル社は、ブランド名維持のため、「シャネル」という名前の使用差し止めと損害賠償を求める訴訟を、多く起こしています。有名なものだけでも、「ラブホテルシャネル事件」「歌謡スナックシャネル事件」「スナックシャネル横須賀事件」などなど。以下、この東京近郊の町の「スナック　シャネル」裁判について、おおまかな流れをまとめておきましょう。

一審　＊＊地方裁判所

〈シャネル社側〉　○経営が多角化してきており、「シャネル」という営業表示の周知度も高い。よって、一般消費者にスナックがシャネル社と何らかの連帯関係があると誤認、混同させるおそれがある。
○スナックの営業表示は、シャネル社の顧客吸引力を侵害し、知的財産権としての価値を減少させる。

〈スナック側〉　○もちろん否認。

《判　決》「シャネル」または「シャレル」、その他「シャネル」に類似する表示の使用禁止と、二〇〇万円の支払いを命じる。

「スナック　シャネル」の営業表示とシャネル社の営業表示は同一であり、「シャレル」と「シャネル」の類似も認められる。ただし、一般消費者がシャネル社とスナックシャネルを誤認するという点は認めない。


この結果に対し、シャネル社は、両表示が誤認されることが認められなかったことを不服として、控訴（P51）しました。シャネル社としては、「誤認される」ということが法廷で認められた、という判例を求めていたのです。悪徳業者が「シャネル」という名前でにせものの商品を売る、といったような場合に備えて、「誤認される」という判例が必要だと考えたようです。

二審（控訴審）東京高等裁判所

《判　決》シャネル社と「スナック　シャネル」の「シャレル」も含めた営業表示の類似を認める。しかし、一般消費者がシャネル社と「スナック　シャネル」を誤認することは認めず、シャネル社の請求を棄却。

シャネル社とスナックの開店資金、店舗面積、顧客数、カラオケ設備の有無、従業員数、売上高、業種が異なるため、一般消費者が、「スナック　シャネル」を高級品のイメージのシャネル社と、業績上、組織上の関係を有すると誤認するとは認めがたい。

この裁判では、「シャネル」という営業表示が、「不正競争防止法」という法律で禁止している「混同ヲ生ゼシムル行為」に当たるかどうか、ということが争点となりました。高裁（高等裁判所）は「混同ヲ生ゼシムル行為」には当たらない、と判断したのです。シャネル社は、上告（P51）しました。町の小さなスナックの店名をめぐる裁判は、ついに最高裁（最高裁判所）へ。

三審（上告審）　最高裁判所

《判　決》　東京高裁の判決を破棄、損害賠償額について東京高裁に差戻審理を命じる。

最高裁は、スナックの業務形態、規模、営業内容がシャネル社とは異なることを認めていますが、「シャネル」表示の周知度の高さ、ファッション業界の多角経営の実態から、一般消費者が「スナック　シャネル」とシャネル社を誤認するおそれがあると判断しました。そして、高等裁判所で審理をやり直すよう命じたのです。

差戻審理　東京高等裁判所

損害額に関する数回の話し合いの結果、営業表示「シャネル」「シャレル」の使用禁止と、五〇万円の損害金で和解。

この和解という結末は、シャネル社側がスナックの状況を考えて妥協したものでした。マスコミの注目を浴びて新聞記者が大勢つめかけたため、常連客だった公務員たちが来なくなり、スナックの経営が悪化していたのです。一審の判決通り二〇〇〇万円払うことを考えれば、最高裁の判決は、スナックのママにとってはよい結果をもたらしたことになります。しかし、お店の経営などを考えると、メデタシ、メデタシとはとても言えない結末でしょう。ちなみに、その後、このスナックの店名はママのお孫さんの名前からとった、ということです。これなら大丈夫ですね。

さて、一般消費者が「スナック シャネル」とブランドのCHANELを誤認するおそれがあるでしょうか。「スナック シャネル」がシャネル社の「多角経営」の一環だと思う人が、はたしているのでしょうか。その点では、東京高裁の判断が妥当だと感じます。しかし、その判決が最高裁でくつがえったことを考えると、法の判断というものは、そういう一般的な感覚とはずいぶんずれがあるようです。実際、ほかにも多数あるシャネル社の店名をめぐる訴訟は、ことごとくシャネル社側が勝っているのです。

人は何によって「類似している」と感じるのでしょうか。お店の名前ではなく、商品名の類似が争点になった事件が、このシャネル事件の十年ほど前にありました。一九八〇年（昭和五五年）、スコッチウィスキーの「ホワイト・ホース」が、秩父の地ウィスキー「ゴールデンホース」を、商品名が類似しているとして訴えたのです。

このときの法の判断は、東京地裁、東京高裁とも「類似とは認められない」というものでした。「ホワイト・ホース」側は、「サントリー・ホワイト」と「サントリー・ゴールド」を例にあげ、「一般消費者が『ホワイト・ホース』と『ゴールデンホース』を、同一製造元のシリーズ商品と誤認する可能性がある」と主張したのですが、認められませんでした。裁判所は、多くの酒類の商品名を集めて分析し、どういう場合に「シリーズ名」とみなされるのかを詳細に論じました。

まったくの異業種、似ても似つかないお店である「スナック　シャネル」とCHANELが、「類似」とされた判決。一方、同じウィスキーに「色彩名＋ホース」という商品名がつけられても、「類似ではない」とされた判決。なにか平等ではない印象を受けてしまいます。

この判断のちがいには、時代背景もあるのではないか、と私は考えています。日本が後発国で著名企業が比較的少なかった時代には、国内産業を保護する必要がありました。外国の著名表示「ホワイト・ホース」に対して、日本の司法は毅然とした対応をしたように感じます。一方、日本の著名企業がアジアの後発国の偽表示によって被害を受ける時代になってくると、不正競争防止法をより厳格に適用し、「多角経営」をキーワードにして「類似」とみなすケースが増えてきます。その例として「スナック シャネル」事件を考えることができるのではないでしょうか。なお、平成五年（一九九三年）に改正された不正競争防止法では、著名表示の使用は明確に禁止されています。

似ているか、似ていないか、どういうときに「誤認」するか、というのは、究極的には個人の感覚のはず。その感覚のちがいをめぐって公の場で争われるのが裁判です。「ゴールデンホース」事件の例のように、裁判所はできるかぎり客観的な分析にもとづいて判断を下そうとしますが、そのときに、時代状況という要素も無視できません。同じ「類似」をめぐる裁判でも、何をもって「類似」とするかは、事案によって、時代によって、きわめて相対的なものだといえるでしょう。その時代時代における社会秩序をどのように考えるべきか、というとてもデリケートな判断が、法廷では日々おこなわれ、積み重ねられているのです。

余談ですが、「スナック シャネル」のママにも一審、二審には弁護士が一人いたのですが、最高裁が差戻を命じてから弁護士と連絡がつかなくなりました。裁判所から口頭弁論の期日を告げられ、出てこないと不利になると言われて（「自白」とみなされます、P31）、ママはアルバイトの女性と二人で東京高裁に出向きました。初めて行く法廷なので、どこに座るのかもわかりません。傍聴席に座っていたところ、書記官に席を教えてもらう、というありさまでした。一方、シャネル社は、十四名から成る弁護団を構成し、法廷にも三名の弁護士が出廷していました。

【法廷ことばミニ辞典】

控訴・上告・上訴

日本の司法制度は三審制をとっています。「一審」「二審」「三審」の三回、裁判を受けられるということです。

一審の判決を不服として二審を求めることを「控訴」、二審の判決を不服として三審を求めることを「上告」と呼びます。二審のことを「控訴審」、三審のことを「上告審」ということもあります。そして、「控訴」「上告」などを合わせて、「上訴」といいます。

裁判がおこなわれる裁判所は、通常、一審は地方裁判所、二審は高等裁判所、三審は最高裁判所です。

民事訴訟で相手に請求する金額が一四〇万円以下の場合は、一審が簡易裁判所、二審が地方裁判所、三審が高等裁判所でおこなわれます。

	刑事訴訟	民事訴訟（訴訟額が140万円を超える場合）	民事訴訟（訴訟額が140万円以下の場合）
一審	地方裁判所	地方裁判所	簡易裁判所
	↓控訴	↓控訴	↓控訴
二審（控訴審）	高等裁判所	高等裁判所	地方裁判所
	↓上告	↓上告	↓上告
三審（上告審）	最高裁判所	最高裁判所	高等裁判所

電気は物か？

キーワード

物　有体物

「物」とは何か、なんて、まじめに考えたことありますか？「物質」「物体」などを思い浮かべて、「なんとなく、こんな感じの…」というイメージはあるでしょうが、ことばで説明するのは意外とむずかしいかもしれません。でも、法の世界では「なんとなく」ですませているわけにはいかないのです。「物」なのか、「物ではない」のかによって、関係者に大きな利害が生じることがあるからです。ここでは、「電気は物か？」をめぐる、有名な「窃盗事件」を紹介しましょう。

電灯が普及しはじめた明治三四年（一九〇一年）のこと。A電灯会社が供給している電流を、B電気会社が電灯線にしかけをして自分の工場に流れるようにし、その料金を払わずにすませていました。A社は告訴し、一審は、窃盗罪を認め、B社は有罪となりました。当然ですよね。どうみても電気ドロボーですから。しかし、被告人のB社は、開きなおったのか、電気は「物」ではないから窃盗罪にあたらないと主張し、控訴しました。

旧刑法の窃盗についての規定は次のようなものです。

人ノ所有物ヲ窃取シタル者ハ窃盗ノ罪ト為シ二月以上四年以下ノ重禁錮ニ処ス
（旧刑法三六六条）

要するに、人の所有物を盗んだら「窃盗罪」ですよ、ということです。では、「所有物」とは何か。当時、「所有物」は民法八五条の「有体物」であると理解されていました。この民法の条文は今でも生きています。

この法律において「物」とは、有体物をいう。
（民法八五条）

「有体物」というのも、ほかではあまりお目にかからない用語ですが、意味はだいたいわかりますね。形の有る物です。つまり、当時は、「盗み」の対象となるのは形の有る物だけだと考えられていたのでしょう。電気がまだ一般的に普及しておらず、電気を盗むという発想がなかったのです。B社はそこにつけこんだわけです。

そこで、二審（控訴審）では、「そもそも電気とは何か」が争われることになりました。東京帝国大学の物理学の某教授が、エーテル理論を根拠に「電気は物質でない」と証言。裁判所は「電気は有体物ではない」と認定し、無罪判決を出しました。ふつうに考えれば「えっ～」という判決ですが、これが理屈中心の法の世界らしさでもあります。こんな判決を鵜呑みにしては、A社は今後の営業が成り立ちません。もちろん上告しました。

明治三六年、現在の最高裁判所である大審院は、「有体物でなくとも可動性と管理可能性があれば、刑法上は『物』である」という判断をしました。B社は、窃盗罪で有罪となりました。

　今日の感覚では明らかな電気ドロボーなのに、とんだ大騒ぎになったものです。しかし、当時の人々は大まじめで「電気は物か」を議論し、この大審院の刑法上の「物」の考え方も、ずいぶん物議をかもしたようです。

　明治四〇年（一九〇七年）に施行された刑法には、「電気ハ之ヲ財物ト看做ス」と明記した二四五条がおかれ、電気窃盗は犯罪であることが明確になっています。ここにおいてようやく、刑法では電気が「物」ということになったのです。ちなみに、某物理学教授が主張の根拠とした「宇宙にエーテルという物質が充満し、光や電磁波を媒介する」というエーテル理論も、いまでは完全に否定されています。

　電気窃盗事件というと、大昔のような気がするかもしれませんが、そうでもありません。平成十六年（二〇〇四年）、名古屋駅構内で、ノート型パソコンで仕事をするのに、近くにあった清掃用のコンセントから電気を使っている人がいました。その現場を県警鉄道警察隊員に発見され、事情聴取を受け、電気の無断使用は窃盗罪、ということで書類送検されました。使用した電気の料金は1円だったとか。このほか、駅のコンセントで携帯電話の充電をしていて書類送検されるケースもあるそうです。1円2円でも電気ドロボーにはちがいありません。ご用心、ご用心。

【法廷ことばミニ辞典】

「物」「者」「もの」

　日本語では、「もの」ということばに、「物」「者」「もの」など、いろいろな表記があります。法の世界ではその使い分けが日常生活よりも厳密です。ちょっと観察してみましょう。

「物」　民法上は有体物をさす（民法八五条）とありますが、形の無い物、たとえば音や電気や光、権利や発明や創作でも、取引上となると「物」になるようです。人間が支配できない天体や空気や海は、取引できないので「物」ではありません。生きた人間の身体はれっきとした有体物ですが、取引されると臓器売買につながるので、「物」ではない、とか。むずかしいものです。

「者」　法律上の人格を有するものをさし、「自然人」と「法人」を含みます。「自然人」とは、「法人」と対比したときのいわゆるヒト、つまり法律で権利・義務の主体となる人間のことです。「法人」は、人間ではないが権利・義務の主体となる法律上の人格を認められた組織のこと。会社、学校、組合、宗教団体等々をさします。

　日常語との大きなちがいは、「者」に「法人」を含むという点かもしれません。「次に掲げる者は…」などとあるときは、会社なども含まれるのです。

「もの」　「物」「者」に当てはまらない場合に使われます。英語の関係代名詞のような用法でも使われます。「この憲法は、かかる原理に基くものである。」（憲法前文）

　法の世界では、「モノ」（もの）、「ブツ」（物）、「シャ」（者）という呼び方で区別することもあります。

被害者は「反抗」的？

キーワード
反抗の抑圧

クイズ

法廷でよく使われることばに、「ハンコーの抑圧」というものがあります。これはどんな意味で、「ハンコー」は漢字でどう書くでしょうか。

Ａ　社会全体として、「犯行」の発生を未然に防ぎ、犯罪を抑止していくこと。
Ｂ　警察官が、逮捕されまいとして暴れる犯人の「反抗」を、抑えこむこと。
Ｃ　強盗が、被害者を「反抗」できない状態にすること。

市民講座で、「ハンコーノヨクアツ」という用語の書き取りをしてもらったことがあります。多くの参加者は「犯行の抑圧」と書き、「反抗の抑圧」と書いた人はいませんでした。日本語には同音異義語が多く、「ハンコー」も「反抗」「犯行」「反攻」「藩校」などいろいろあります。講座の参加者たちは、法廷用語だというので、犯罪に関連のありそうな「犯行」を選んだのでしょう。

解答　Ｃ（「反抗の抑圧」と書きます）

「反抗の抑圧」は、強盗罪が成立するかしないか、といった議論の際に重要となることばです。加害者が被害者を、物理的あるいは精神的に抵抗できないような状態にすることを意味します。法廷では、「反抗を抑圧するに足りる程度の暴行・脅迫があったのか」などと使われます。

「反抗の抑圧」と聞いたとき、わかりにくいのは、「いったい誰が何をしたのか」という点です。ふつう、「反抗」は、「さからうこと、はむかうこと」を意味し、「従うべきとされてきたものに、さからう」というイメージがあります。「親に反抗する」「既成の秩序に反抗する」というように。被害者が加害者に襲われて抵抗することを「反抗」と呼ぶのは、一般的な感覚ではちょっと奇妙ではないでしょうか。

一方、「抑圧」は、「行動・欲望などを無理に抑えつけること」であり、「言論の自由を抑圧する」「自然な感情を抑圧する」というように、「本来認められるべきものを無理に抑えこむ」というイメージがあります。

「さからう」（＝反抗）と「本来認められるべきものを抑えこむ」（＝抑圧）とは、ふつうは結びつかないのです。そりが合わないことばを無理にくっつけた違和感が、「反抗の抑圧」にはあります。強盗罪に関する議論には欠かせない用語になっていますが、なんともまずい日本語が定着してしまったものです。

「反抗の抑圧」ではなく、「抵抗を抑えこむこと」としたらどうでしょうか。しかし、法律家によると、「反抗の抑圧」には、被害者の抵抗を無理やり抑えつける場合だけではなく、被害者がこわくて抵抗しようという気がおきず、結果として抵抗行動がなかった場合も含まれるので、日常語の「抵抗を抑えこむ」では不十分だということでした。

たしかに、専門用語には、長いあいだその業界の中で使われてきたことによる、独特のニュアンスがまとわりついていて、すぐに別のことばに言い換えればすむという問題でもないのでしょう。しかし、だからといって、誤解を招く表現、市民がわかりにくく感じることばを、そのままにしておいてよいというわけでもありません。「法廷用語の日常語化に関するプロジェクトチーム」では、以上のような議論をもとに、次のような言い換え提案をおこないました。

暴行や脅迫によって、肉体的あるいは精神的に、抵抗できない状態にすること、これには被害者が抵抗したけれども最終的には抵抗を封じられた場合も含む。

法の世界にかぎらず、学問の世界では、特定の専門用語の解釈をめぐって、頭がくらくらするような議論が延々とくりひろげられることが、ままあります。しかし、少なくとも私たちの生活に密着した領域（たとえば、裁判や医療など）においては、はじめに専門用語ありき、ではなく、その意味を具体的な場面に即して説明できることば、開かれたことばにしていくことが大切ではないかと思います。

E s s a y

裁判官ってどんな人？

弁護士と話すこと自体、敷居が高く感じる方もいるでしょう。でも、市町村の役場には無料法律相談があり、弁護士とただで話ができます。会おうと思えば、弁護士とはいつでも気軽に会えるのです。

しかし、裁判官となると、実際に裁判の当事者にでもならないかぎり、めったに直接話をすることはありません。私も、弁護士とはお付き合いがありましたが、裁判官とは、裁判員制度の導入が話題になるまで、まったくありませんでした。裁判官のほうも、不用意に一般の人と付き合って判決に悪影響が出てはいけないということで、孤高を保ってきた面もあるのではないでしょうか。

いったい、裁判官ってどんな人々でしょうか。私が知っている範囲でいえば、親切、律儀、まじめ、ということに尽きます。もちろん、裁判官にも個性があるので、漫談がうまい人、ご近所にもいそうなフツーの人、とっつきの悪い人、さまざまですが。でも、基本的には律儀なので、どんなに忙しくても、遅れたり休んだりするときは連絡をくれますし、細かなお礼なども欠かしません。社会人の常識ではありますが、その常識がきちんとできない人が周りに多いので、裁判官のきまじめさは新鮮です。公平であろうとする職業意識が、職場を離れたときでも出てきます。常に公平な態度をとっていないと気がすまないようです。

どんな人が裁判官になれるのでしょうか。司法試験に若くして余裕で合格、司法修習考試（これまた時代がかったことばですね！）と呼ばれる、司法修習生の卒業試験でも優秀だった人が多いようです。その結果かどうか、女性も健闘しています。女性の裁判官は15％くらい。けっして多いとはいえないものの、女性の研究者は12.4％といいますから、研究者より裁判官の世界のほうが男女共同参画が進んでいるようです。ただ、弁護士とちがって転勤があるし、24時間営業の警察から逮捕状が請求されたときに備えて、裁判所での当直もあります。たまの当直はともかく、全国規模の転勤があるとなると、家庭をもつには配偶者の理解や協力が不可欠です。国家公務員ですが、下級裁判所の裁判官は終身雇用ではなく、任期は10年。しかし、ほとんどが再任されます。

緊急避難はいつするもの？

キーワード
緊急避難
正当防衛

クイズ

次のうち、法律上の「緊急避難」にあたるのはどれでしょうか。

A　マンションの隣の部屋で火災が発生したので、あわてて眠っていた子どもを抱き、煙を避けながら家の外の駐車場に逃げた。

B　対向車線の車がこちら側にはみだしてきたので、とっさにブレーキを踏み左ハンドルを切ったところ、後ろの車が追突し、その運転者がけがをしてしまった。

C　ビルにテロリストが爆弾をしかけたおそれがあるという館内放送があったので、すぐに仕事をやめ、非常階段を一気に駆け下りてビルの外に出た。

D　気のたった大型犬に咬みつかれそうになったので、近くに落ちていた棒で犬の顔をたたいて防いだところ、犬にけがをさせてしまった。

E　強盗が刃物をつきつけてきたので、身をそらしてよけつつ、相手の腕を持って投げ飛ばした。

「避難」とは、どんなときにするものでしょうか。大地震、火事、今どきだとテロもあるかもしれません。いずれにせよ、家や学校、会社、お店、道路などが破壊されるような、災害が起こった場合だと思います。そのようなときに、安全な場所に一時的に移動することを、ふつう「避難」といいます。ところが、法の世界では、ちょっと意味合いがちがいます。ふつう、典型的な「避難」だと思われそうなA、Cは、法律上の「緊急避難」とはみなされません。

解答　B（刑法上の緊急避難）とD（民法上の緊急避難）が正解。なお、Eは刑法上の正当防衛。

刑法における「緊急避難」は、「正当防衛」を定めた三六条のとなりにあります。

自己又は他人の生命、身体、自由又は財産に対する現在の危難を避けるため、やむを得ずにした行為は、これによって生じた害が避けようとした害の程度を超えなかった場合に限り、罰しない。（刑法三七条）

「危難を避けるため、やむを得ずにした行為」というところがポイントです。冒頭のクイズでいえば、Bが該当します。通常、急ブレーキを踏んで後続車が追突し、後続車の運転者がけがをした場合は、罪に問われます。しかし、この場合は、「はみだしてきた対向車線の車をよけるため」という理由があり、それをしなければ自分の生命や身体が危険であったために、やむを得ずにとった行動です。したがって、これは罰せられない「緊急避難」にあたる、ということになります。

もちろん、どれほど危険だったのか、後続車を危険な目にあわせなければならないほど、ブレーキを踏む必要性があったのか、という点が重要です。条文の「生じた害が避けようとした害の程度を超えなかった」かどうかという点です。「生じた害」のほうが大きければ、「過剰避難」となって、刑はまぬがれません（その場合にも、情状によって刑が軽くなることがあります）。また、「対向車線の車がはみだしてきた」というのが、気のせいとか、目の錯覚だったりした場合は、「誤想避難」と呼ばれます。

ちなみに、クイズの選択肢Eは、「正当防衛」（刑法三六条）のケースです。このことばは、刑事ドラマその他でおなじみでしょう。他人から自分の生命や身体、財産などがまさに侵害されようとした切迫した状況のとき、やむを得ずとる行為であり、やはり罰せられません。

正当防衛と緊急避難は、となりどうしに条文がならび、内容も似ています。どちらも、「やむを得ない状況のときにとる行動は罰せられない」という共通項でくくることができます。正当防衛は、誰かの正しくない行為によって自分や他人が危機にさらされているとき、緊急避難は、特に誰かの行為というわけではないが、自分や他人が危機にさらされているとき、というちがいです。どちらも「過剰」な場合は、「過剰防衛」「過剰避難」として、罪に問われる点も同じです。

以上は刑法の場合ですが、民法ではどうでしょうか。

民法では「正当防衛」と「緊急避難」が同じ条文に書かれています。民法七二〇条に「正当防衛」の規定があり、その二項に、「他人の物から生じた急迫の危難を避けるためその物を損傷した場合」とあるのが、民法上の「緊急避難」です。冒頭のクイズの選択肢Dがそれにあたります。「犬」を「物」扱いするのもふつうの感覚だと奇妙ですが、それはちょっとおいておきます。他人の不法行為によって自分の権利や利益がおびやかされているときに、やむを得ずとる防衛行動が、民法上の「正当防衛」です。それに対し、「他人の物」から生じたさしせまった危険や災難を避けるために、その物を傷つけたり壊してしまったりした場合が、「緊急避難」となります。

刑法にせよ民法にせよ、「緊急避難」が「正当防衛」とセットになっているということが、おわかりでしょう。日常語の「緊急避難」は、災害にあったとき安全な場所にすばやく移動すること、といった意味ですが、法律の世界での「緊急避難」はもっと範囲が広く、「危険を避けること全般」といえそうです。

また、法律における「緊急避難」は、「罪を問われないケース」「責任が生じないケース」を定めたもの、というのも特徴です。法律というものは、どんなときに罪を問われるのか、どんなときに責任を問われるのか、という視点が軸となってつくられているということが、ここから見えてきます。「善意」「悪意」（P34）の奇妙な意味も、そのこととかかわりがありそうです。

【法廷ことばミニ辞典】

法廷漢字読み取りクイズ

次の漢字の読み方を答えましょう。

①遺言　（いごん）
②図画　（とが）
③居所　（きょしょ）
④立木　（りゅうぼく）
⑤問屋　（といや）
⑥一月　（いちげつ）
⑦同人　（どうにん）
⑧競売　（けいばい）

法律や法廷で使われる漢字には、日常語とは読み方が異なるものがあります。

遺言《いごん》　法律用語辞典などで「ゆいごん」を見ても出ていないので要注意。

図画《とが》　「ずが」ではありません。刑法では公文書偽造罪として「図画」の偽造に触れています。

居所《きょしょ》　「いどころ」ではありません。P109参照。

立木《りゅうぼく》　「たちき」とは読みません。土地に生育するままの樹木、その集団のことです。「立木法」という法律があります。

問屋《といや》　「問屋《とんや》」と読むと別のものをさします。問屋《といや》は取次商の一種で、自分の名前で他人のために物品の販売や買い入れをする人。問屋《とんや》は卸売商。

一月《いちげつ》　法律・法廷では「一か月、二か月、…」のことを「一月《いちげつ》、二月《にげつ》…」といいます。

同人《どうにん》　「どうじん」ではありません。公訴事実（P128）などで多用され、もっぱら被害者をさします。

競売《けいばい》　法律では原則として、「きょうばい」ではなく「けいばい」と読みます。

2章 六法のなかのフシギなことば

～法律のなかのことば～

「六法全書」をめくってみたこと、ありますか？　漢字が多くて黒々とした紙面に、得体の知れないお経のような文章が延々とつづきます。法律って、なんであんなにむずかしそうなんでしょう？　きっと、法律をつくる立場の人には、それなりの言いぶんもあるはずです。

この章では、法律のなかのことばを観察していきます。これまで法律なんて読んだこともないという方も、意外なおもしろさが見つけられるかもしれませんよ。ちょっとのぞいてみませんか。

法律文はパッチワーク

キーワード

口語体　文語体

商法第二編「商行為」のところを読んでいくと、ふいに、一〇〇年前にタイムスリップしたような気分になる箇所があります（　は引用者、以下同）。

第四章　匿名組合

〈中略〉

（匿名組合契約の終了に伴う出資の価額の返還）

第五四二条　匿名組合契約が終了したときは、営業者は、匿名組合員にその出資の価額を返還しなければならない。ただし、出資が損失によって減少したときは、その残額を返還すれば足りる。

第五章　仲立営業

第五四三条　仲立人トハ他人間ノ商行為ノ媒介ヲ為スヲ業トスル者ヲ謂フ

第五四四条　仲立人ハ其媒介シタル行為ニ付キ当事者ノ為メニ支払其他ノ給付ヲ受クルコトヲ得ス但別段ノ意思表示又ハ慣習アルトキハ此限ニ在ラス

このように、第四章まで口語体であったのが、第五章から急に文語体に変わるのです。なぜこんな奇妙なことになっているのでしょうか。

「商法」は明治三二年（一八九九年）に定められた古い法律です。しかし、商取引のルールを決めたこの法律は、社会の変化にともなってたびたび改正がおこなわれてきました。引用した「第四章　匿名組合」の部分は、平成十七年（二〇〇五年）に全面的に改正されて、それに合わせて口語化されました。ところが、内容の変更のない「第五章　仲立営業」以降は、明治の文語体がそのまま残ってしまっているのです。

このように、法律は部分ごとに改正されることがあるため、口語と文語のパッチワークのように見える箇所があります。内容的な改正があり、条文全体が検討されている箇所は口語化されますが、内容的な改正がない箇所は文語文のまま残ってしまっているのです。法律のことばは、ちょっとしたニュアンスのちがいが大きな解釈のちがいにつながりかねません。内容的な改正がない箇所を、単に読みやすくするというだけの目的で口語化すると、大きな問題が生じることもあるでしょう。口語化にあたっては、単に表面的にことばをいまふうにするだけではなく、内容を吟味しながら、細心の注意をはらってことばを選ぶ必要があるのです。

もう一箇所、とてもおもしろいところを見つけました。

第八四八条①登記シタル船舶ハ之ヲ以テ抵当権ノ目的ト為スコトヲ得
②船舶ノ抵当権ハ其属具ニ及フ
③船舶ノ抵当権ニハ不動産ノ抵当権ニ関スル規定ヲ準用ス此場合ニ於テハ民法第三八四条第一号　中「抵当権を実行して競売の申立てをしないとき」トアルハ「抵当権の実行としての競売の申立て若しくはその提供を承諾しない旨の第三取得者に対する通知をせず、又はその通知をした債権者が抵当権の実行としての競売の申立てをすることができるに至った後一週間以内にこれをしないとき」ト読替フルモノトス

これは、文語文で書かれた商法のなかに、改正され口語になった民法が引用されているケースです。文語文のなかに口語文が埋もれている様子は、なんとも斬新で、ほかではお目にかかれない異様な日本語の姿です。民法は、平成十七年（二〇〇五年）口語化・現代語化されましたので、その引用箇所だけが口語になっているわけです。

なお、刑法は平成七年（一九九五年）に口語化されました。法律の文体の問題は、裁判員制度を契機に、ぜひ整備を徹底していくべきでしょう。もちろん、単に文語を口語にすればよいというものでもなく、その肝心の法律の中身を、より開かれたものにしていかねばなりません。

【法廷ことばミニ辞典】

六つじゃなくても「六法」

法律といえば六法。裁判といえば六法。六法は日本の司法の世界を象徴するもので、日本における主要な六つの法典をさします。憲法、民法、商法、民事訴訟法、刑法、刑事訴訟法の六つです。

「六法」という言い方は日本独自のものです。明治の法学者・思想家の箕《み》作《つくり》麟《りん》祥《しょう》（一八四六～一八九七）が、フランス法を翻訳した本、『仏蘭西法律書』の中で使ったのが最初だといわれています。この本のなかで箕作は、ナポレオン五法典（民法典、商法典、刑法典、民事訴訟法典、治罪法典）に憲法を加え、「六法」と呼んだのです。

実際に「六法」「六法全書」という書名の本を開いて見てみましょう。すると、収録されている法律が六つなんていう本はありません。一〇〇以上入っているものもあります。

これは、主要な六つの法律に付随する法律が入っているほか、法廷や職場や日常生活のなかで、実際によく参照される法律を多く網羅しているためです。つまり、書名としての「六法」は、六つの法律をさすわけではなく、「法律集」といった意味合いで使われているわけです。

さらに、本屋さんで「〇〇六法」と名のつく本を探してみると、あるわあるわ…。「介護福祉六法」「教育六法」「自動車六法」「環境六法」「マンション管理六法」「スポーツ六法」、はては「ペット六法」まで。これらの本では、「六」という数字にはほとんど意味はありません。ともかく、その分野の関係法令を集めた本という意味で、「六法」という名前がついているのです。

接続詞の迷宮(1)「又は」「若《も》しくは」

キーワード

又は　若しくは

クイズ

本人又はその相続人若しくは法定代理人が管理をする

（民法七〇〇条より）

――線部分の意味を説明したものとして、適当なのはどれでしょうか。

A　本人　or その相続人　or 法定代理人

B　（本人 or その相続人）　or 法定代理人

C　本人 or （その相続人　or 法定代理人）

日常のことばとしては、「又は」と「若しくは」にそれほど大きなちがいはありません。クイズの答えもどれでもいい。三つのうちのどれか一つを選べばいいわけで、BかCかという解釈のちがいが問題になることは、まずありえないといってよいでしょう。しかし、微妙な解釈が関係者の人生に大きな影響をおよぼす法律においては、そのようなあいまいさは許されません。

解答　C

法の世界における「又は」と「若しくは」のちがいを、かんたんにまとめてみましょう。

「又は」…大きな要素どうしの選択

「若しくは」…小さな要素どうしの選択

したがって、「又は」と「若しくは」が両方使われている場合は、次のようになります。

A又はB若しくはC ＝ A or (B or C)

A若しくはB又はC ＝ (A or B) or C

ルールはかんたん。でも実際の法律文はこれが複雑にからみあっていて、読み解くのはそうたやすいことではありません。では、実際の法律にそって、法律解読にチャレンジしてみましょう。まずはシンプルな例から。

チャレンジ法律解読！［初級編］

人を殺した者は、死刑又は無期若しくは五年以上の懲役に処する。

（刑法一九九条）

人を殺した場合、刑罰は、死刑と懲役のいずれかで、その懲役の中身としては、無期かあるいは五年以上のどちらかがある、ということです。この条文の意味を（ ）を使って説明すると、こうなります。

人を殺した者は、［死刑 or（無期 or 五年以上）の懲役］に処する。

チャレンジ法律解読！［中級編］

賄賂を供与し、又はその申込み若しくは約束をした者は、三年以下の懲役又は二百五十万円以下の罰金に処する。

（刑法一九八条）

「供与」は実際に渡したこと、賄賂が成立していることを意味します。一方、「申込み」と「約束」はいずれも、まだ賄賂がおこなわれていないということでは同等です。したがって、「供与」と「申込み・約束」を区別し、「又は」で結んでいるのです。選択する語が二つしかない「懲役」と「罰金」は、「又は」でつなぎます。

賄賂を［供与 or（その申込み or 約束）］をした者は、

（三年以下の懲役 or 二百五十万円以下の罰金）に処する。

チャレンジ法律解読！［上級編］

副知事若しくは副市町村長にも事故があるとき若しくは副知事若しくは副市町村長も欠けたとき又は副知事若しくは副市町村長を置かない普通地方公共団体において当該普通地方公共団体の長に事故があるとき若しくは当該普通地方公共団体の長が欠けたときは、その補助機関である職員のうちから当該普通地方公共団体の長の指定する職員がその職務を代理する。

（地方自治法一五二条②）

この条文は、要するに「自治体の責任者が事故か欠員になっているときは、職員が代理を務める」ということを意味しています。法律文では細かく場合分けを示して、それを一文でまとめようとしますので、こんなオバケのような文になってしまうのです。「又は」に着目して、「X又はYのときは、その補助機関である職員のうちから～職務を代行する」と大筋をつかみましょう。そして、XとYの中身を「若しくは」に注意してとらえます。

「若しくは」は、この場合、二層になっています。階層構造が三層以上になるときは、もっとも大きな層の選択には「又は」、それ以外は「若しくは」を使います。よって、同じ「若しくは」でも階層がちがうことがあるので注意が必要です。

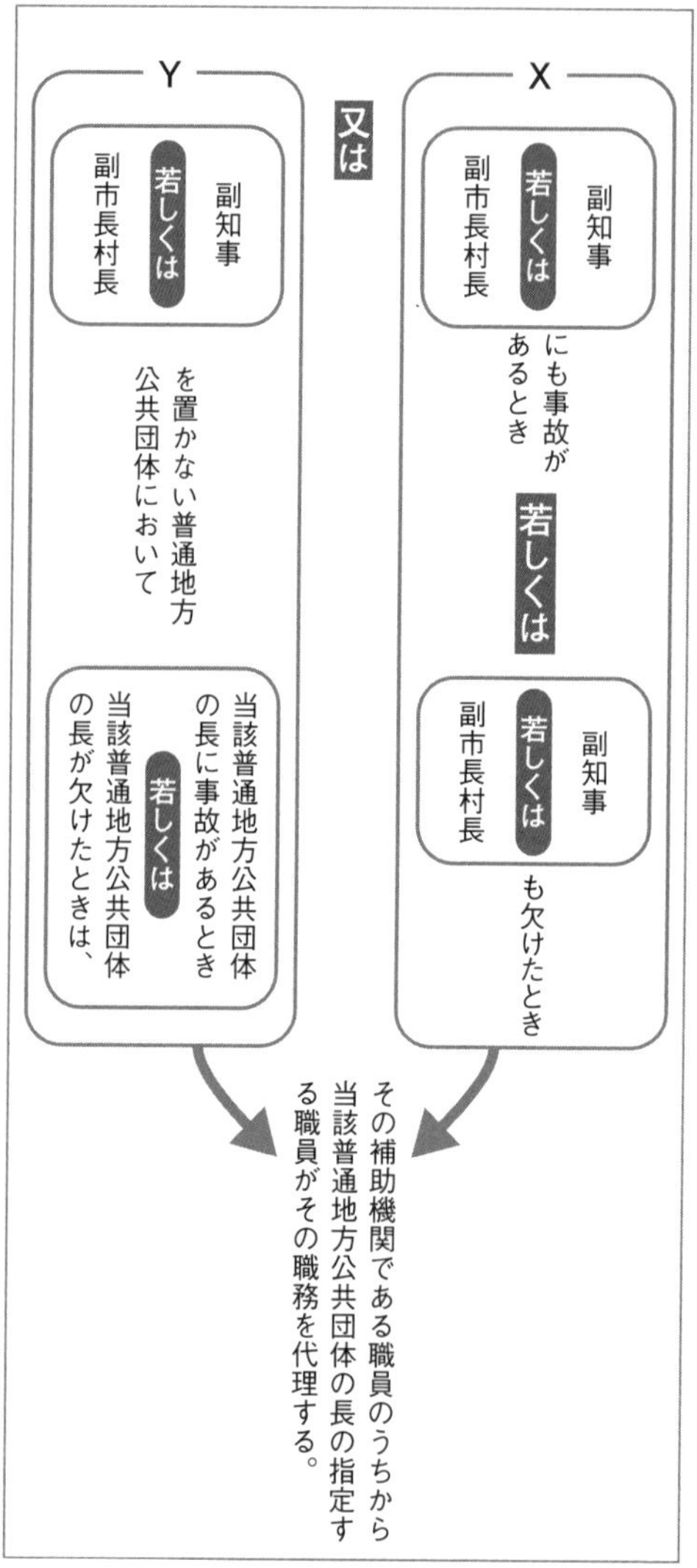
X
副知事
若しくは
副市長村長
にも事故があるとき
若しくは
副知事
若しくは
副市長村長
も欠けたとき
又は
Y
副知事
若しくは
副市長村長
を置かない普通地方公共団体において
当該普通地方公共団体の長に事故があるとき
若しくは
当該普通地方公共団体の長が欠けたときは、
その補助機関である職員のうちから当該普通地方公共団体の長の指定する職員がその職務を代理する。

このような「若しくは」「又は」の使い分けは、法の世界という厳密さを追求する業界のなかで、独自のルールとして定着してきました。「上級編」の例のように、「副知事若しくは副市長村長」を一文の中で三回もくり返すというのも、対象を常に特定することによって、解釈上のまちがいを防ごうという、この世界ならではの決まりごとによるものです。

Essay

法律家のことばをまねしたい？

英語では、いくつかの語を並列的に連結するとき、「A, B, C, and D」「A, B, C and D」という二通りの書き方があります。Cのあとにカンマ「,」を入れるか入れないか。どちらが正しいでしょうか？

イギリスやアメリカの書式についての本を見てみると、「A, B, C, and D」となっています。「A, B, C and D」にすると、A，B，CDのような解釈も可能となり、まぎらわしいからです。ところが、法律家はあえて、「A, B, C and D」と書くことが多いようです。じつは、このような誤った法律家の書き方を、一般市民も日常的に使うようになってきています。

judgmentやacknowledgmentというスペルを見たことがありますか？ウェブスターをはじめとする英語の辞典には、judgmentで載せているものが多くありますが、誤植ではありません。本来のスペルは、judge + mentでjudgement、acknowledge + mentでacknowledgementです。ところがこれも、法律家がeを取ったスペルjudgmentを使うようになり、それを一般市民も使うようになってきています。英語圏の法律家のこのe抜きスペルは、ともかく徹底しています。アメリカの法科大学院でもそう指導をし、私もオーストラリアの大学で博士論文を書いているときに、指導教官からe抜きにするように指示されました。

英語圏の法律家は、特権階級意識が強く、一般市民とはちがうことばづかいをして、どうも楽しんでいるフシがあります。そんな特権階級のことばづかいのことが市民は気になって、ついまねてしまうのです。そのうちに、すべての辞書は、judgmentで統一され、「judgement（古）」と解説されるようになるかもしれません。

日本の法律家のことばが市民の日常語に影響を与えているとは思えません。おそらく、一般市民にとって、日本の法律家は、英語圏の法律家ほど身近な存在でなかったからでしょう。英語圏では、法律家は特権階級ではあっても、「雲の上」の人ではないのです。まねをしてみたくなるような存在だということです。日本の法律家は「なんだかむずかしげなことばを使っているみたいだな」というくらいの存在で、そのことばをまねしたいと思うような相手ではなかったということでしょう。

接続詞の迷宮(2)「及び」「並びに」

キーワード
及び　並びに

クイズ

「A及びB並びにその配偶者」と「A並びにB及びその配偶者」では、法律においてどのように意味がちがうでしょうか？

前項の「又は」「若しくは」はorという選択の意味でしたが、「及び」「並びに」はandという連結の意味を表す接続詞です。これも、要素の大小によって使い分けられています。

「及び」　…小さな連結
「並びに」…大きな連結

解答　「A及びB並びにその配偶者」…（A and B）and その配偶者　→Aの配偶者を含む
「A並びにB及びその配偶者」…A and（B and その配偶者）　→Aの配偶者は含まない

チャレンジ法律解読！［初級編］

① **この憲法が国民に保障する基本的人権は、侵すことのできない永久の権利として、現在及び将来の国民に与えられる。**

（憲法十一条）

「現在」と「将来」が「及び」で結ばれています。このような単純な連結では、「並びに」の出番はなく、「及び」だけです。

（現在 and 将来）の国民に与えられる。

② 憲法改正、法律、政令及び条約を公布すること。

（憲法七条一号）

同等のレベルで連結する語が三つ以上あるときには、「A、B、C及びD」のように、読点「、」でつなぎ、最後の語句の前にだけ接続詞をおきます。これは、「又は」「若しくは」の場合でも同様です。

（憲法改正 and 法律 and 政令 and 条約）を公布すること。

チャレンジ法律解読！［中級編］

① **立花町体育館及び運動場の設置並びに管理に関する条例**

（立花町例規集、条例第五号）

まず「体育館」と「運動場」をあげ、次に、それらの設置と管理をあげています。「及び」が小さい連結、「並びに」は大きい連結です。

[(立花町体育館 and 運動場) の設置 and 管理] に関する条例

② **最高裁判所は、最高裁判所の職員並びに下級裁判所及びその職員を監督する。**

（裁判所法八〇条一号）

「下級裁判所」と「その職員」を小さい連結「及び」で結び、「最高裁判所の職員」と（下級裁判所 and その職員）を大きい連結「並びに」でつないでいます。

最高裁判所は、[最高裁判所の職員 and (下級裁判所 and その職員)] を監督する。

チャレンジ法律解読！［上級編］

職員の給与は、生計費並びに国及び他の地方公共団体の職員並びに民間事業の従事者の給与その他の事情を考慮して定められなければならない。

（地方公務員法二四条③）

要するに、職員の給与を決めるときには、生計費と、他の公務員や民間の給与その他の事情を考慮して決めなさい、という意味です。「国及び他の地方公共団体の職員」がいちばん小さい連結で、「国」と「他の地方公共団体」が「及び」で連結されています。次の段階は、「(国及び他の地方公共団体の職員)並びに民間事業の従事者」で、「国及び他の地方公共団体の職員」と「民間事業の従事者」が「並びに」でつながっています。そして、もっとも大きい連結は、「生計費並びに「(国及び他の地方公共団体の職員)並びに民間事業の従事者」の給与」で「生計費」と「国及び他の地方公共団体の職員並びに民間事業の従事者の給与」が「並びに」で結んであります。

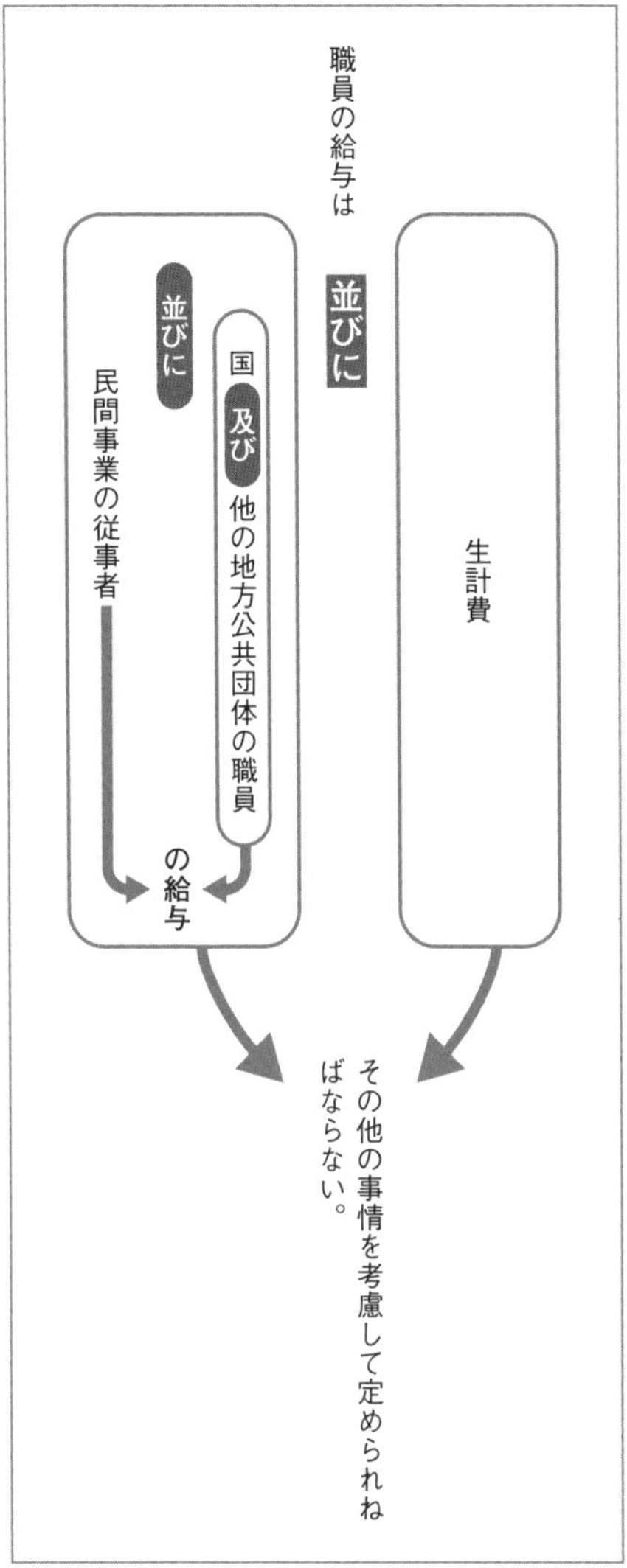
職員の給与は
生計費
並びに
国
及び
他の地方公共団体の職員
並びに
民間事業の従事者
の給与
その他の事情を考慮して定められねばならない。

「及び」「並びに」が「又は」「若しくは」と大きくちがう、注意すべき点がひとつあります。階層が三層以上になるとき、「又は」「若しくは」の場合は、もっとも大きいレベルの選択のみ「又は」を使い、中くらいの選択、小さい選択などはすべて「若しくは」を使います。一方、「及び」「並びに」では、もっとも小さいレベルの連結のみ「及び」で、中くらいの連結、大きい連結などはすべて「並びに」で結びます。このように「並びに」が二つのレベルで使われる場合には、小さい連結で使われる「並びに」を「小並びに」、大きい連結で用いられるのを「大並びに」と呼んで区別することもあります。

ここまで、「接続詞の迷宮(1)(2)」をまじめに読んでくださった方、おつかれさまでした。頭がくらくらしませんでしたか？　読み慣れた法律家や法学徒ならば、これくらいスラスラ読めなければ話にならないのかもしれませんが、一般人にとっては苦行に近いものがありますね。「暗号解読みたいでおもしろい」と感じた人は、けっこう、法律家の素質があるかもしれませんよ。

これらの接続詞の多用は、法律文の難解さの大きな原因のひとつといえます。その結果、一文のなかで階層関係・論理関係が複雑になり、一文がどんどん長くなっていきます。オバケのような法律文はこうしてできあがるのです。そして、法律家はそれを、「法律を読みやすく、わかりやすくするため」と思ってやっているのです。

【法廷ことばミニ辞典】

ややこしい法廷類義語(1)

法の世界では、よく似た意味のことばが厳密に使い分けられていることが多々あります。その中の代表的なものを紹介しておきましょう。

前科・前歴　「前科」は以前に別の犯罪をおこない、裁判の判決を受け、刑を受けていること。「前歴」は過去に犯罪をおこなったが、処罰の必要性が低いと判断され、起訴されなかった経歴のことです。履歴書に書くような日常語の「前歴」とは大違い！

場合・とき　大きい仮定条件では「場合」、小さい仮定条件では「とき」を用います。
例：「Aの場合に、xのときは～、yのときは…とする。」

慣行・慣習　「慣習」とは、社会生活においてくり返されているならわし、しきたり。「慣行」は慣習としておこなわれること。「慣習」は規範としての面、「慣行」は行為としての面からみたものです。

管轄・所轄　「所轄」は行政機関の権限の範囲を表します。「踊る大捜査線」でもおなじみの「ショカツ」ですね。一方、「管轄」は行政機関だけでなく、司法機関も含めた公の機関一般の権限の範囲を表します。「この地域は○○裁判所の管轄です」と使い、「裁判所の所轄」とはいいません。

看護・介護　「看護」はけがをしたり病気になったりした人の療養上の世話や治療の補助をすること。「介護」は精神や身体が健康ではない状態の人に付き添い、日常生活の世話をすることです。治療の補助というニュアンスが強いのが「看護」、日常生活の面倒をみるという面が強いのが「介護」です。

天然果実はおいしい？

キーワード
天然果実　法定果実

「天然果実」と聞いて何を思いうかべますか？　フロリダ産のさわやかなグレープフルーツ？　りんご果汁一〇〇％の生ジュース？

ところが、法の世界の「天然果実」は、こんなに明るくさわやかなイメージのことばではありません。次の条文を見てください。

天然果実は、その元物から分離する時に、これを収取する権利を有する者に帰属する。

（民法八九条）

これはどんな意味でしょうか。「元物」がなじみのないことばですが、だいたい「元の物」だと解釈して、天然果実の「元の物」ですから、くだものがたわわに実った果樹のことでしょうか。すると、天然果実は、果実が実っている木からもぎ取るときに、これを収穫する権利のある人のものとなる……？

この解釈はまんざら当たっていないこともないのですが、法の世界における「果実」は「くだもの」にかぎりません。「果実」も、日常語と法の世界で意味がちがうことばのひとつなのです。

法律の世界の「果実」は、物から生じる収益のことで、「天然果実」と「法定果実」という二種類があります。

天然果実　…物の用法に従い収取する産出物
田畑から収穫する米・麦・果物などの農産物、森林から伐採した材木、乳牛から搾り取った牛乳、羊から刈り取った羊毛、鉱山で採掘した石炭など、自然界（天然）からの産出物。
（民法八八条①）

法定果実　…物の使用の対価として受けるべき金銭その他の物
自然物ではなく、取り決めによって使用の対価として生じる地代や家賃や利息のこと。
（民法八八条②）

法律用語の「天然果実」は、日常語とくらべるとかなり意味が広く、カバーする範囲が大きいことがわかります。木材や石炭だって天然果実なんですから。天然果実はおいしいものばかりではないのです。

日本語の「果実」には、おおむね、次の二つの意味があります。
①種子植物の実、くだもの。「―酒」
②元物から生じる利益。家畜が産んだ子や、家賃・地代・利息など。
（明鏡国語辞典）

①の意味については、植物学的にはいろいろとむずかしい定義もあるようですが、ここでは、だいたい植物のくだものをさす、と考えておけばよいでしょう。②は法律用語としての意味で、「天然果実」「法定果実」に分かれます。これは、明治以降、西欧の法をモデルとして、日本に近代的な法体系が生まれてからのものです。

法律用語の「果実」の語源をたどると、ラテン語のfructus《フルクトゥス》にいきつきます。「天然果実」はfructus《フルクトゥス》 naturales《ナチュラレス》です。ラテン語のfructusは、くだものだけではなく、土壌産物や利益、収益までをも含む、意味の広いことばです。これを、「くだもの」という意味合いが強い日本語の「果実」にあてはめたために、どうにも違和感のある用語が生まれてしまったのです。

西欧各国ではそれぞれ、ラテン語fructus naturalesが、ドイツ語、フランス語などに訳して使われています。英語圏はどうかというと、そのままラテン語のfructus naturalesが法律用語として用いられていますが、英語訳したnatural《ナチュラル》 fruits《フルーツ》が使われることもあるようです。ラテン語だとなんだかおごそかで、日常語とはちがったことばなのかな、という印象がありますが、「ナチュラル・フルーツ」というと、やっぱりりんごジュースなどを思いうかべてしまう欧米人も多いでしょう。法律の世界のことばが一般人を混乱させるのは、日本だけではなさそうです。

Essay

検察官vs.弁護人 どっちがうわて?

裁判員制度開始に向けて、裁判員を加えた模擬裁判が何度もおこなわれています。模擬裁判といっても、実際の事件をもとにして、検察官と弁護人がガチンコ勝負をし、市民から加わった裁判員が裁判官と協議のうえで判決を下す、という本格的なものです。

私がこれまでこの模擬裁判を何度も傍聴してきて感じるのは、いつも、検察官が弁護人より一枚うわてだな、ということ。

裁判所にも弁護士会にもプロジェクターがなかったとき、検察庁にはありました。検察官は、裁判所にプロジェクターを持ちこみ、パワーポイントで冒頭陳述や論告（P19）をおこなっていました。一方、弁護人は従来型の書面朗読。だらだらと朗読を聞かされるより、プロジェクターでビジュアルに要点を整理してくれたほうが、はるかにわかりやすく感じるものです。

ようやく裁判所にもプロジェクターが入ってからは、弁護人もパワーポイントを使うようになりました。それでも、差は埋まりません。検察官はチームプレーで、説明する人、パワーポイントを操作する人など、役割分担が明確。入念な準備がしてあって呼吸もピッタリです。一方、弁護人は、一人で全部やっていることが多く、どうしてもまごまごした印象を受けてしまいます。

ささいなことと感じるかもしれませんが、判断する裁判員にしてみれば、このような印象が判決の行方を左右することにもなるでしょう。模擬裁判が終わった後の感想を、裁判員役の人に聞いてみると、「検察官のプレゼンはとても上手だったけど、弁護人は、なんだかなまけているみたいに感じたなあ」と言う人もいました。

現実の刑事裁判は、検察側が圧倒的に有利です。組織力やその事件にかけられる時間などが、弁護人とは比較になりません。多くは個人経営で資金も時間もわずかな弁護人が、現実的にできることはかぎられているのです。初めからハンデがあるということも知ったうえで、裁判に臨む見識もいると思います。少なくとも、凶悪犯を裁く裁判だからといって、検察官＝正義の味方という単純な見方をしてはいけないのでしょう。

「取消し」は気の毒、「撤回」は身勝手

キーワード

取消し　撤回　無効

政治家がとんでもない失言をしたとしましょう。取り囲んだ記者たちが騒いでいるのを見て、自分の発言に問題があったと気づいた政治家は…

　前言を取消した。

　前言を撤回した。

この場合、「取消し」と「撤回」はどちらも使われ、ほとんど意味の差はありません。この二つは、日常語のレベルでは、ほぼ同じ意味で使われているのです。ところが、ことばの細かな使い分けにこだわる法の世界では、それほどアバウトではありません。

クイズ

次のケースは、法律上、「取消し」「撤回」のどちらの対象となるでしょうか。

①「雨漏り予防処理」をしてくれるというリフォーム業者に工事をしてもらったが、後で調べてみるとまったくそれらしき形跡がなく、詐欺《さぎ》だとわかった場合。

②「この本、読み終わったらあげるよ」と友達に約束してしまったが、読んでいるうちに愛着がわき、あげたくなくなってしまった場合。

まず①です。善良な市民が困っていることにつけこむなんて、許せません。もちろん犯罪行為です。被害者側からすれば、詐欺による取引は、「取消し」を求めることができます。

法律における「取消し」は、どんなときにもできるものではありません。詐欺にあった場合や無理強いされた場合、あるいは、未成年者などが契約を結んでしまったような場合に限られます。法律行為に特定の問題がある場合に、「取消します！」という意思表示をし、その行為をした時点に立ち戻って、初めから無効であったことにすることを「取消し」といいます。

②のケースは、なんだか身勝手な話ですね。要するに約束やぶりです。「だったら、初めからあげるなんて言うなよ」とも思います。しかし、このような口約束は、くやしいですが「撤回」の対象となります。こういう人と何か約束をするときには、紙に書いておくべきなのです。

このように、特に法律行為の内容に問題がなくても、一方の意思表示によってその効果を将来に向けて無しにしてしまうことを、法律では「撤回」といいます。

解答　①「取消し」　②「撤回」

もうひとつ似たことばに「無効」があります。これも「取消し」「撤回」とは使い分けます。「無効」になるのは、たとえば次のような場合。

会社の仕事内容がよくわからないままに「働きます」と言ってしまったが、あとで気づくと、なんと売春あっせんの仕事。げーっ！

働くという契約を結んでしまっても、そもそもの仕事内容が犯罪行為、非合法行為ですから、このような労働契約を守る義務はありません。このような約束（契約）は、初めから効果がなかったということになります。法律行為自体が、公序良俗に反したり、ウソであったりしたときに、その行為の当初から効力がないことにしてしまう。これが「無効」です。

「取消し」が、問題のある取引や契約を、「取消す」という意思表示をして、なかったことにすることなのに対し、「無効」はそもそも初めから効果がない、ということになります。

無効	取消し	撤回
ある特定の場合、法律行為を初めからなかったことにする。	問題のある法律行為を、「取消す」意思表示によって、初めからなかったことにする。	特に問題のない法律行為を、一方が意思表示をし、将来に向けて効果を消滅させる。

というわけで、この法律用語の知識から、友人関係論が展開できそうです。約束を「取消し」にする友人は、きっとふかーい理由があるのでしょう。あなた自身に「問題」がなかったかどうか、思い返してみるべきです。「撤回」するやつは身勝手だけど、口約束ならしかたない。約束が「無効」の場合は…？　そんな約束をする人とは友達をやめましょう！

【法廷ことばミニ辞典】

ややこしい法廷類義語（2）

類義語の細かい使い分けの第二弾です。裁判員になったとき、キーワードとなりそうなことばもありますよ。

心神喪失・心神耗弱　精神の障害により、やっていいことと悪いことを判断したり、やってはいけないことを自分で抑えたりすることが、全くできない状態を「心神喪失」といいます。一方、「心神耗弱」は、それが非常に困難な状態です。これによって、「責任能力」（P157）の認定に差が出てきます。

被疑者・容疑者　「被疑者」とは、犯罪の嫌疑を受けて、警察や検察の捜査の対象となっていて、まだ公訴されていない人のこと。マスコミでは、同じ意味で「容疑者」が使われますね。じつは、「容疑者」は法律にはほとんど出てきません。例外として、「出入国管理及び難民認定法」を違反した疑いで捜査される外国人をさして使われています。つまり、法律で「容疑者」といえば、決まって外国人なのです！

釈明・弁明　どちらも日常語とは意味がちがいます。「釈明」は、訴訟の内容をはっきりさせるために裁判所から質問が出されたとき、当事者が事実関係や法律関係を明確にするための発言をすること。「弁明」は、許可の取消しなど不利益な処分を受ける人が、自己弁護をする機会のことです。

裁判官・判事・判事補　高等裁判所、地方裁判所、家庭裁判所の裁判官で、十年以上の経験がある人を「判事」と呼びます。「判事」は「裁判官」の中の職名のひとつなのです。十年未満の裁判官は「判事補」です。でも、一般的には、「判事」＝「裁判官」と使うこともあります。

中断したら借金復活！

キーワード
中断・停止
時効

雨のため試合を中断する。

この例文から、どのような状況を想像しますか？　熱戦の甲子園。実力伯仲《はくちゅう》して一進一退の攻防がつづく。一瞬も目を離せない手に汗にぎる展開。ところが、突如、雷が鳴り響き、無情にもにわか雨が…。ああ、早くやんでくれ、試合の続きが観たい。

このような場合、「中断」は、とりあえず一時的に進んでいるものをストップし、事情が許せば再び続きがおこなわれる、というニュアンスだと思います。もちろん、雨が降りつづいてやみそうにないときには、そのまま「中止」、ということもありますが。

ところが、この感覚をこのまま法の世界に持ちこむと、たいへんなまちがいのもとです。例をあげて説明しましょう。

ケース1。Aさんは学生時代、Bさんから一万円借りました。ところが二人ともすっかりそのことを忘れてしまい、そのまま卒業、就職し、日々の生活に追われていました。十年たった後、B

さんがふと思いついてかつての日記を整理していると、ひらりと紙切れが落ちました。

　Bから金一万円たしかに借りました。　一九〇〇年×月×日　Aより

なんと十年前の借用証書でした。懐かしくなったので、仕事の後、Aを飲み屋に呼び出しました。

「いやあ、久しぶりだなあ。じつは、こんなのが出てきてね。懐かしくって、つい声をかけたってわけさ。もちろん、もうとっくに時効だけどな、ははは。」

「すまん、すまん。すっかり忘れてたよ。時効にしてもらって悪いなあ。じゃあ、今日はそのお返しで俺のおごりだ。」

このBさんの「時効」発言は、厳密な法律上の意味ではないでしょう。でも、実際、法律上も、個人間の借金は、十年で時効となります。Bさんがのんきな人でAさんは得しましたね。ところが、Bさんがこんな大らかな人でなかったらどうでしょう。

ケース2。AさんがBさんからお金を借りてから五年後に、Bさんがそのことを思い出し、Aさんに電話をしました。

「久しぶり、Bだけど。あのさ、五年前にお前に一万円貸しただろ。あれ、返してくれよ。」

「ああ、ごめん。すっかり忘れてた。今度給料が入ったら返すよ。」

ところがAさんもなかなかしたたかです。個人間の借金は十年で時効だということを知っていました。〈五年連絡がなかったわけだから、あと五年しらばっくれていれば、時効成立だ。きっと

Bのことだ、また忘れているさ。〉と思ったようです。

ところが、そうは問屋がおろしません。この場合は、Bさんが Aさんに電話をし、Aさんが「今度給料が入ったら返すよ」と答えたことで、時効の「中断」となります。そして、この「中断」は日常語のニュアンスとはちがい、一時的に止まるだけではありません。振り出しに戻るのです。つまり、この時点で、時効の進行はゼロに戻り、さらに十年後に時効の成立となります。Aさんはあと十年、Bさんから逃げつづけるつもりでしょうか。

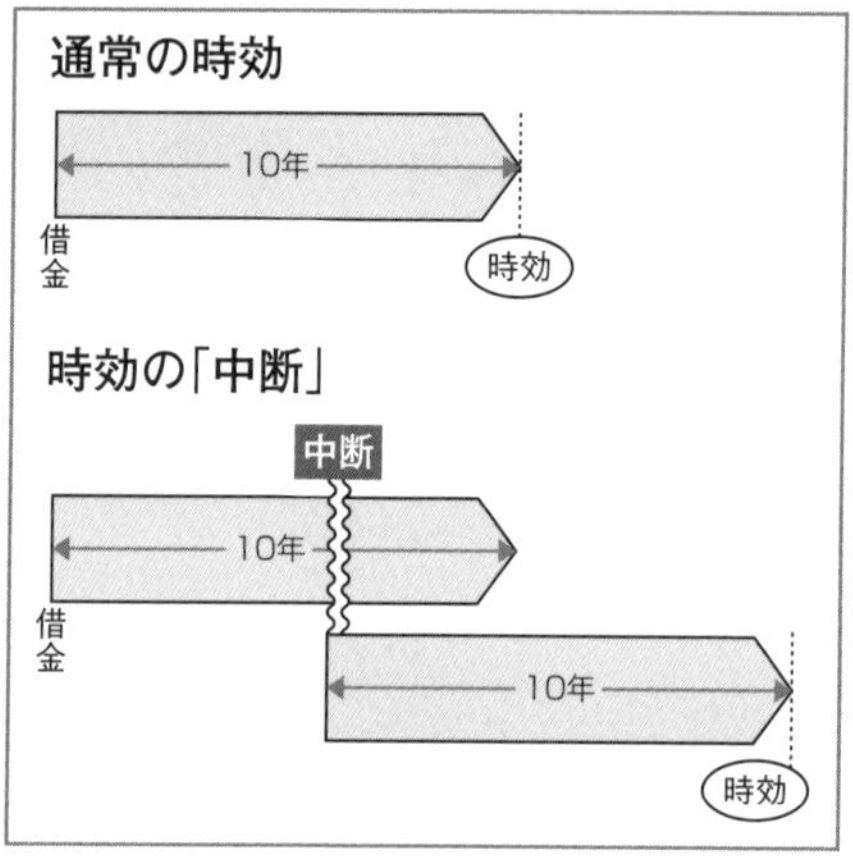

Aさんが「今度給料が入ったら返すよ」と言ったように、債務を「承認」すると、時効が中断されます。「承認」のほかには、「請求」（裁判上の訴えを起こすこと）、「差押え・仮差押え・仮処分」などが、中断の要件となります。

なお、時効には「停止」という規定もあります。これは、日常語では「中断」とよく似たことばですが、法律上は大きく異なります。

ケース3。C子さんとD夫さんが結婚した後、C子さんは、嫁入り前からためていた二百万円をD夫さんに貸しました。D夫さんの親が事業に行きづまり、どうしても急ぎのお金が必要だと言われたのです。ところが、貸したお金をD夫さんはいつまでたっても返してくれません。ほかにもさまざまなトラブルがあって、二人の関係は悪化し、ついに離婚が成立したのは、二百万円を貸してから、あと二か月でちょうど十年になるというときでした。

貸してからちょうど十年たつと時効が成立してしまいますので、C子さんは早くD夫さんに請求し、時効の「中断」にもっていくべきです。ところがC子さんは、離婚騒動のどたばたで、そんなことをすっかり忘れてしまっていました。思い出したのは離婚後三か月がたち、新しい生活も少し落ち着いてきたころでした。ああ、残念ですね。

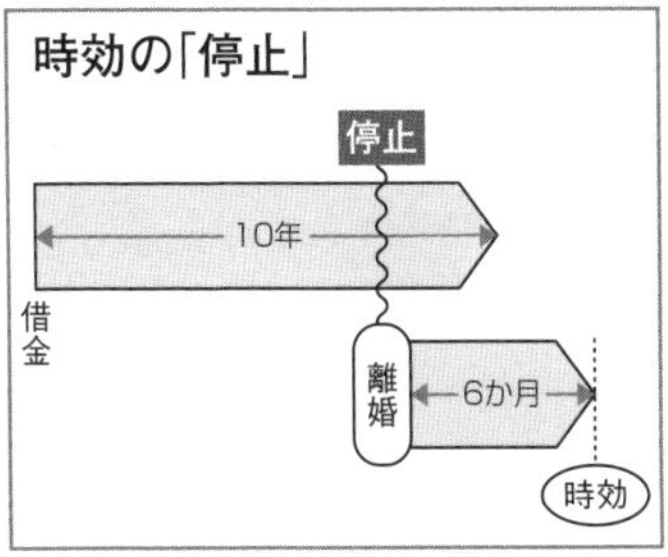

でも、じつはC子さんにはまだ借金返済を請求する権利があるのです。民法には、婚姻が解消してから六か月間は、時効が完成しない、という規定があります（民法一五九条）。これが時効の「停止」と呼ばれるものです。離婚や天災に遭遇したときなど、特定の理由がある場合に、時効の完成が先のばしになることをさします。

このように、民法では「中断」と「停止」で意味がはっきりとちがい、両者を使い分けています。しかも、それは日常語の語感とはずいぶんとちがう意味なのです。

個人間の借金の時効は十年でしたが、ほかにも、民法ではさまざまなケースについて、細かく時効の期間が決まっています。時効がらみの話題をもうひとつ紹介しておきましょう。

ケース4。飲み屋の支払いをツケにしていたEさん。もともと法学部出身で、「飲み屋のツケは一年で時効」だと知っていました。そこで、お店に来るたびに、「今度来たときにまとめて払うよ」なんて言って逃げていました。あるとき、女将《おかみ》から強い口調で「まとめて払いなさいよ」と言われたので、「はっはー。知らなかったのかい？　一年前のツケは時効なんだぞ」と言い返しました。ところがどっこい、女将もさるものです。

「無知なのはそっちよ。毎月、〈今度来たとき払う〉と言ってたのを、私もほかのお客さんたちも聞いてるんですからね。それで借金を〈承認〉したことになって、時効は中断、つまりゼロに戻ってるんですよ。」

女将の言うとおり、「今度来たときにまとめて払うよ」ということばは、自分の借金を認めたことになり（「承認」）、これによって時効は「中断」、つまりゼロになります。時効になるのはさらに一年後となるのです。Eさんのような人を厳しい法の目が許すはずはないのです。

日常語と大きく意味が異なる「中断」。民法が成立した明治時代から、法の世界のなかで独自の意味合いのまま定着し、いまでも使われつづけています。

【法廷ことばミニ辞典】

裁判員なら知っておいていい法廷用語（1）

裁判員に対しては、プロである裁判官や検察官は専門用語を使わず、わかりやすく説明してくれる…はず。でも、用語を知っておいて損はありません。ここでは刑事裁判でよく使われる用語を紹介しておきます。

実況見分　警察官が事件に関連する場所の状況を調べることをさします。一般には「現場検証」とも呼ばれます。この結果の記録が「実況見分調書」です。

検証　日常語で「仮説を検証する」などと使われる「検証」とはちがいます。裁判官の令状にもとづいて、警察官が事件に関連する場所の状況を調べることです。「実況見分」とのちがいは、「裁判官の令状にもとづいて」という点です。この結果をまとめたものが「検証調書」です。

検面調書　「検察官調書」の略称です。検察官が被疑者を取り調べたり、関係者から事情を聞いたりして調べた内容の記録です。検察官の面前で取り調べられた内容、ということで、「検面調書」と呼びます。

員面調書　警察官のことを法廷では「司法警察員」と呼び、司法警察員の面前で取り調べられた内容の記録を「員面調書」と呼びます。特定の場合以外は証拠として採用されません。

伝聞法則　法廷の外で話されたことは証拠にできない、という決まりのことです。誰かの話を証拠とするには、その人を法廷に連れてきて証言してもらう必要があります。「伝聞証拠」とは誰かから聞いたことにもとづく証拠。これは原則として証拠になりません。「伝聞供述」とは、証人が法廷で、誰かから聞いた話をしゃべることです。

長期の長いものは頭痛が痛い

キーワード
長期　短期
多額　寡額

馬から落ちて落馬した。
昨夜から頭痛が痛い。
夕日の美観が美しい。
誤った誤答を指摘する。

これらの日本語は、どこか変に感じませんか？　そう、同語反復、同じことばをくり返しているために、奇妙な印象を受けるのです。では、次はどうでしょう。

①長期の長いもの
②多額の多いもの

これも同じですね。同語反復のヘンテコな日本語だと感じます。「長期」は「長い期間」という意味だから、「長いもの」なんていう必要はない。「多額」は「金額が多い」という意味だから、「多いもの」なんていうと重複感がある。それが、ふつうの言語感覚ではないかと思います。では、次はどうでしょう。

③短期の長いもの
④寡額の多いもの

これは、さらに奇妙さに拍車がかかっていますね。「短期」は「短い期間」、それが「長い」ってどういうこと？　矛盾じゃないですか。「寡額」はなじみのないことばですが、「寡」は「寡黙」の「寡」、老子が説いた「小国寡民」の「寡」で、「少ない」という意味です。したがって、「寡額」とは「金額が少ないこと」だととらえることができます。「金額が少なくて多いもの」。これも矛盾です。あるいはなぞなぞか何かでしょうか。

じつは、①〜④はれっきとした法律のなかにある表現です。

同種の刑は、長期の長いもの又は多額の多いものを重い刑とし、長期又は多額が同じであるときは、短期の長いもの又は寡額の多いものを重い刑とする。（刑法一〇条②）

「長期」「短期」「多額」「寡額」を、先に述べたような一般的な意味で解釈する以上、この条文はまったく意味不明で、暗号のようにすら見えます。この暗号文、解読できますか？

じつは、ここでの「長期」とは、「期間の上限」、つまり「最長期間」のことをさします。たとえば、「懲役二十年以下」とあるときの「二十年」が「長期」にあたります。同様に、「短期」は

「最短期間」のことをさし、「五年以上の懲役」とあれば「五年」が「短期」です。「多額」は「最高金額」という意味で、「十万円以下の罰金」というときの「十万円」がそれにあたります。同じく、「寡額」は「最低金額」を意味し、「千円以上の科料」というときの「千円」をさします。

この条文は、刑法における刑の重さを述べたものなのです。同じ種類の刑ならば、刑の最長期間が長いもの、罰金や科料の最高金額が多いものが、重い刑である。最長期間・最高金額が同じ刑の場合は、最短期間が長いもの・最低金額が高いものが、重い刑である。これが、この暗号文の意味なのでした。なあんだ、せっかく解読したのに、常識的にわかることでしたね。それを、ここまで難解なことばで書かなければならないのが、法律の法律らしいところ？です。

いまの刑法は明治四〇年（一九〇七年）施行。日露戦争後の当時、国際水準からみても最先端の刑法だといわれたそうです。それが改正を加えられながらも、一〇〇年使われていることになります。「長期」「短期」「多額」「寡額」は、独自の意味合いで一〇〇年間使われつづけ、法の世界のなかだけでいえば、すっかり定着してしまったようです。

それにしても、この奇妙なことばの使い方は、どんな原因によるのでしょう。明治時代、漢語の造語力を駆使して法律用語をつくっていった法律家の言語感覚が、ヘンだったのでしょうか。あるいは、当時としてはまともだったものが、一世紀のあいだに、私たちの言語感覚のほうが変わってしまったということなのでしょうか…。

【法廷ことばミニ辞典】

以上・以下・以前・以後…

日常生活では、「～以上」と「～を超える」、「～以下」と「～未満」は、いちいち使い分けを考えず、ほぼ同じような意味として使っていることも多いのではないでしょうか。でも、法律においては、その使い分けは厳密です。

～以上　基準となる数を含む。

(例)十二歳以上（十二歳を含む）

～を超える・超過する

基準となる数を含まない。

(例)百万円を超える（百万円は含まない）

～以下・～を超えない

基準となる数を含む。

(例)五年以下の懲役（五年を含む）

一年を超えない（一年目にあたる日を含む）

～未満・～に満たない・～を下回る・～を下る　基準となる数を含まない。

(例)二十歳未満の者（二十歳を含まない）

十四歳に満たない者（十四歳を含まない）

十億円を下回る（十億円を含まない）

～以前　基準となる時点を含む。

(例)九月二十日以前（九月二十日を含む）

～前　基準となる時点を含まない。

(例)七日前までに（当日を含まず、前日を一日目として七日）

～以後　基準となる時点を含む。

(例)施行の日以後（施行の日を含む）

～後　基準となる時点を含まない。

(例)一月一日後（一月一日を含まない）

たとえば、「一月一日後」＝「一月二日以後」ということになります。

「男」という身分、「家族」という身分

キーワード
身分
社会的身分
身分犯

日本国憲法には、「身分」ということばが二回出てきます。

第十四条　すべて国民は、法の下に平等であって、人種、信条、性別、社会的身分又は門地により、政治的、経済的又は社会的関係において、差別されない。

第四四条　両議院の議員及びその選挙人の資格は、法律でこれを定める。但し、人種、信条、性別、社会的身分、門地、教育、財産又は収入によって差別してはならない。

法の下の平等、選挙人の資格について定めた条文で、どちらも「社会的身分」という熟語であらわれ、差別してはいけないことの例としてあがっています。社会生活における身分のことだな、というのはわかりますが、具体的にさす内容については諸説あるようです。江戸時代のような士農工商の身分があるわけではなし、何をさすのでしょう。就いている仕事、あるいは、社長と従業員といった立場、などでしょうか。

憲法では「性別、社会的身分」というふうに並んでいるので、「社会的身分」の中に「性別」は含まないようです。しかし、刑法でいう「身分」には、ちょっとちがう意味合いがあります。

（身分犯の共犯）

第六五条①犯人の身分によって構成すべき犯罪行為に加功したときは、身分のない者であっても、共犯とする。

②身分によって特に刑の軽重があるときは、身分のない者には通常の刑を科する。

「身分犯」というなじみのないことばが出てきました。「犯人の身分によって構成すべき犯罪行為」のことですが、具体的にはどのような犯罪行為をさしているのでしょうか。

この「身分犯」の例としてよくあげられるのは、意外にも、「強姦罪」です。どこに「身分」が関係しているのでしょうか。強姦罪は男性の女性に対する犯罪行為です。したがって、「男」だという「身分」でないと犯せない犯罪だということのようです。「男である」「女である」ということが、ここでは「身分」にあたるわけです。ふつうの言語感覚からすると、ちょっと不思議な感じがするのではないでしょうか。

「身分犯」には、ほかに、「収賄罪」などが例にあげられます。これは、「公務員」であるという「身分」を悪用した犯罪のことで、比較的ふつうの「身分」の感覚に近いようです。

同じ条文の二項にある、「身分によって特に刑の軽重があるとき」とは、どういうことをいっているのでしょう。これは、たとえば、「窃盗」「不動産侵奪」「横領」などの罪は、「配偶者、直系血族又は同居の親族との間」では刑を免除する、という規定をさします。おおざっぱにいえば、家族であれば、泥棒をしたり不動産をうばったりしても、刑を免除されるということです。ここでは、「配偶者」「直系血族」「同居の親族」などが、「身分」として扱われていることになります。つまり、「家族」だというのも、ひとつの「身分」なのです。

次に、民法です。民法で「身分」が出てくるのは、親族関係についての箇所です。「嫡出子」に関する条文を見てみましょう。

父が認知した子は、その父母の婚姻によって嫡出子の身分を取得する。（民法七八九条）

「嫡出子」とは、正式な婚姻関係を結んだ夫婦のあいだに生まれた子どものことです。民法ではこの「嫡出子という身分」を、どういうときに得られるか、ということが、養子縁組の場合なども含めて定められています。ここでは、「正式に結婚した両親の子どもである」ということが、「身分」として扱われているわけです。

「身分」ひとつとっても、「そもそも身分ってなに？」という問いに答えることは、そうかんたんではありません。法律家たちは、じつにさまざまな現実の事件や訴訟と向き合いつつ、抽象的な法律文をにらみつけ、「この場合は〈身分〉にあたるだろうか」などと考え悩んでいるわけです。

裁判員制度では、私たち一般市民も、そのような疑問と向き合う立場に立たされることになります。法廷に立つということは、他人の人生や生命の意義と向き合うことであると同時に、とことん〈ことば〉と向き合うことでもあるのです。

Essay

自由刑と認知症

「自由刑」という刑罰の種類があります。どんな刑を想像しますか。刑務所に入っても自由な行動が許される軽めの刑？　「自由である」ことで犯罪者を苦しませる刑？？

正しくは、「身体の自由の剥奪《はくだつ》を内容とする刑罰」です。つまり、「自由である」「自由がある」という刑ではなく、自由が「ない」刑のことなのです。具体的には、懲役《ちょうえき》、禁錮《きんこ》、拘留《こうりゅう》の３種類があります。なにも知らずに「自由刑」と言われると、誤解してしまいそうだなと思います。

「自由刑」の刑罰である、懲役、禁錮、拘留についてかんたんに説明しておきましょう。懲役は、刑務所で労働をさせられますが、禁錮は刑務所に入るだけで労働はありません。拘留は、刑務所に短い期間（１日以上30日未満）入る軽い刑罰です。

なお、勾留（「こう留」とも書く）は、拘留と読みは同じですが、刑罰ではありません。被告人や被疑者が逃亡したり証拠隠滅したりしないように拘束することで、まだ判決を受けていない人に対しておこなわれるものです。懲役、禁錮、拘留は、刑罰なので、判決によって言い渡され、刑法に規定があります。一方、勾留は刑法ではなく、刑事訴訟法にもとづくものです。拘留と勾留はまぎらわしいので、勾留のことを「未決勾留」と呼ぶことも多いようです。

「自由刑」と同じように、「〜がない」という発想からつくられたことばとして、「生命刑」や「財産刑」があります。「生命刑」は生命をうばう刑罰、すなわち、死刑です。「財産刑」は財産をうばう刑罰のことで、具体的には、罰金と科料をさします。

「〜がない」ということを名称にしている例は法律用語に限りません。たとえば、「認知症」がそうです。アルツハイマーなど、認知に障害があり、認知ができない症状を認知症と呼んでいます。これも、ことばとしてわかりにくく感じませんか。

認知症の場合は、患者への配慮から「障害」などといった語を避けているのかもしれません。自由刑も、受刑者の感情を配慮したもの、だったりして？

宝くじと富くじ

キーワード
富くじ　宝くじ

宝くじは法律違反です、なんて聞いたら、驚きますか？　じつは刑法には、次のような規定があります。

（富くじ発売等）

第一八七条①富くじを発売した者は、二年以下の懲役又は百五十万円以下の罰金に処する。

②富くじ発売の取次ぎをした者は、一年以下の懲役又は百万円以下の罰金に処する。

③前二項に規定するもののほか、富くじを授受した者は、二十万円以下の罰金又は科料に処する。

「富くじ」とはなんでしょうか。法律用語辞典には次のように出ています。

あらかじめ一定の番号札を発売し、その後、抽選その他の偶然的方法によって、購買者の間に不平等な利益の分配を行うこと。

（『有斐閣 法律用語辞典』）

これって、宝くじそのまんまじゃないですか？　当たる確率が限りなく低いとはいえ、「偶然的方法」によるわけですし、「番号札」を見て泣いたり笑ったり、まさに「不平等な利益の分配」…。

たしかに、この刑法の条文だけを見れば、いまの宝くじは「富くじ」と見なされ、処罰の対象となってしまいます。ところが、昭和二三年（一九四八年）に「当せん金付証票法」が成立し、「宝くじ」はこの法律にもとづくものとして、認められるようになったのです。「当せん金付証票法」は、その売り上げを、地方財政の資金にあてることを目的とする、と明記してあります。敗戦後の地方経済の状況をふまえての政策だったのでしょう。なお、「当せん金付証票法」は、自治体が宝くじを発行することを認めている法律ですので、個人が同じようなくじを販売すると、刑法の「富くじ発売」にあたり、処罰されることになります。

ところで、この「富くじ」ということば、聞いたことがありましたか？　富くじはもともと、江戸時代に流行したもので、要するに今の宝くじです。

寺社などが興行主となって札を発行し、当たり番号には高額の商品を出しました。元禄五年（一六九二年）に禁止令が出ていますが、幕府はその後、寺社の修復費などを調達する手段として認めるようになりました。「富突」とも呼ばれました。木の札を錐で突き刺して当たり番号を決めたためです。

抽選の日には、お寺の境内に富札を持った大勢の人がつめかけました。その前で目隠しをした僧が、錐でえいやっと木札を突く。この最初に突きあげた札が「一の富」で、宝くじでいう一等、ということになります。

刑法の一八七条の「富くじ」は、このように、江戸時代の風俗からとられたことばです。刑法で富くじ発売を処罰の対象とした背景には、富国強兵の明治時代、社会の引き締めをはかった政府が、安易な方法で利益を上げることを認めず、まじめに労働することを推奨した、ということがあるのではないかと思います。

それにしても、江戸時代の庶民の風俗が、現代の法律のなかにそのまま生きて使われているというのは、ちょっと驚きです。明治時代、西欧の法体系を日本に移入する際、漢語・漢文調をその受け皿として、概念を翻訳し、さまざまな法律用語をつくっていったことは、たびたび述べました。しかし、漢語に翻訳しなくても和語のなかに適当なことばがある場合は、当時日常的に使われていた和語を採用して法律を書いていったのでしょう。そのことばが日常使われなくなった後も、法律の世界では当時のまま使われていることがあるのです。「富くじ」はその代表です。

法律は、もちろん、現代を生きる我々のためにあるものです。それによって犯罪を裁いたり争いごとを解決したりする、規範です。でも、たまにはそれを「ことば」として眺めてみることも、知的好奇心をかきたてるものです。日本における漢文の長い歴史を感じさせる漢語や漢文調の文章。江戸の庶民の暮らしが垣間見える和語。そして、西欧の厳密な論理が息づく概念と、日本語とが激しく衝突したときの摩擦熱。法律から読みとれることは、じつに多彩です。

【法廷ことばミニ辞典】

歴史を感じる法律のことば

「富くじ」は江戸時代から伝わる風俗ですが、法律にはほかにも古いことばがいっぱい。ここでは、法律のなかの歴史を感じさせることばをいくつか紹介しましょう。

上《うわ》屋《や》　貨物を一時的に届けおき、荷さばきをするための建物のこと（港湾法二条など）。

品《しな》触《ぶ》れ　警察が盗品や紛失物などの発見のため、その特徴を書き出して質屋などに知らせること（質屋営業法二一条など）。時代劇のままのことばですね。

夫《ふ》役《えき》　特定の公共事業のためにする労働のこと（土地改良法三〇条など）。古代の労役を思い起こします。

永《えい》小《こ》作《さく》人《にん》　小作料を払って他人の土地で農業をおこなう権利（永小作権）をもつ人のこと。民法では今も、「永小作権」に一章をまるまる割いて（第二編第五章）、細かな規定を載せています。「小作人」ということばは法律のなかでは現役なんです。

入《いり》会《あい》権《けん》　ある地域の住民が一定の山林・原野を共同して使用し、収益する権利。その共同利用地である「入会地」は、鎌倉時代、村落が成立しその自治が進む過程で成立した概念です。民法にも記載があり、「入会林野等に係る権利関係の近代化の助長に関する法律」（一九六六年）という法律もあります。

摂《せっ》政《しょう》　皇室典範の第三章には、「摂政」に関する規定が並んでいます。聖徳太子以来の伝統でしょう。最近では、大正時代に皇太子裕仁親王（のちの昭和天皇）が摂政をつとめました。ちなみに、皇室典範のなかには、「親王」「内親王」「王」「王妃」などのことばが、現役で生きています。

邸宅はボロい空き家

キーワード

住所　居所　現在地
住居　居宅　住宅　邸宅

クイズ

次の①〜⑤はいずれも、広い意味で「人の住む場所」です。それぞれ、法律上なんと呼ばれるでしょうか。適当なものをA〜Fのなかから選びましょう。

①生活の本拠地　②空き家　③宿泊中の旅館
④家のリフォーム中に仮に住んでいるマンション　⑤人が日常生活を営む建物や部屋

A　住居　B　本籍地　C　住所　D　邸宅　E　現在地　F　居所

法の世界は類義語がいっぱい。それが法律のわかりにくさ、近寄りがたさの一因ではないかと思います。しかも、それらの類義語をけっしてあいまいに同一視したりせず、微妙なニュアンスによって厳密に使い分けるのが、法律家たちです。ここでは、「人が住む場所」にかかわる類義語と、その微妙な意味のちがいを紹介しましょう。

解答　①C「住所」　②D「邸宅」　③E「現在地」　④F「居所」　⑤A「住居」

住所

生活の本拠地、生活の中心となっている場所のことです。日常語としては、「会社の住所宛に荷物を送る」「会場の住所を調べる」など、所在地一般をさすこともありますが、法律ではそのような意味はもちません。

居所

「いどころ」ではなく、「きょしょ」と読みます。ある程度継続して住む場所ですが、生活との関係の度合いが住所ほど密接でない場所。震災のときの仮設住宅や、家の建て替えの際の仮住まいの部屋など。

現在地

その人と土地との関係が「居所」よりも薄い場所。宿泊したホテル、泊めてもらった友人の家など。日常語では「いまいる場所」のことで、歩いている場所、ご飯を食べているお店などですら「現在地」となりますが、法律のなかでの現在地は、宿泊先など、もうちょっと長時間すごす場所をさすようです。

住居

「住所」または「居所」として、人が日常生活を営む建物や部屋のこと。建物などの施設をさします。法律によっては、「住所」や「居所」と同じ意味で使われたり、「居住する」

という動詞の意味で使われたりすることもあります。

居宅

現に人が生活している住宅のこと。「住居」とほぼ同じ意味で使われますが、「住居」ほど多様な意味はありません。

住宅

人が生活するための施設。「居宅」と「邸宅」を合わせた意味があるといえそうです。実際に人が暮らしていてもいなくてもよいのです。

邸宅

人が生活するための施設のうち、実際には人が暮らしていないもの。空き家や使われていない別荘などをさします。日常語では、広くてりっぱな家、屋敷といった意味ですので、だいぶずれがありますね。

単に人が住む場所だけでも、こんなにいろいろな言い方があり、厳密に使い分けをしているのですから、さすが法律家は優秀です（じつは、他にも「居住地」「住居地」などもあります！）。でも、そのために「専門家のための法」になってしまっていることも否めません。人が住む場所の類義語にしても、もうちょっと整理・簡略化できないものでしょうか。

Essay

弁護士はお金持ち?

弁護士と聞くと、お金持ちのイメージがありませんか？　実際はどうなのでしょうか。

たしかに、海外も含めた企業法務を扱っている弁護士のなかには、初任給でも年収1,000万、パートナーと呼ばれる共同経営者になると2億円という人もめずらしくはありません。大企業を相手にした民事の仕事を中心にし、成功を収めれば、セレブ顔負けの生活が可能です。

ところが、これが刑事弁護となると、ほとんどボランティアの世界です。そもそも、刑事事件を起こす人は、お金がないから犯罪に走るケースが多いのです。依頼人からの報酬はほとんど期待できません。お金がなくて弁護士を雇えない場合は、国が弁護費用を負担します。これが、国選弁護人です。この報酬が、ともかく安い！　ひとつの事件につき、標準的な報酬は85,000円程度です。コピー代など事務経費や交通費は含まれず、これらは自己負担。

殺人事件ともなると、裁判の回数は5回程度になります。弁護士の仕事は、法廷に出ることだけではありません。事件現場に行き、何度も被告人と会い、関係者と打ち合わせをし、弁護のやり方を考え、証人の手配をし…と、かなりの時間が準備にかかります。こうした法廷外での仕事時間も組み入れると、時給は800円程度と聞いたこともあります。

事務所の賃貸料、事務員の給与の支払い等々…。平均的な弁護士の事務所経費は、1時間あたり8,300円。刑事弁護だけをやっていたら、商売としてはまるで成り立たないでしょう。まさにボランティア…。

2006年10月から、日本司法支援センター（法的トラブル解決の情報やサービス提供の機関。「法テラス」と呼ばれる）の支援が得られることになり、国選弁護の報酬は改善されました。それでも、裁判員裁判となるような重大な刑事事件でさえ、1回目の公判は10万円、2回目以降は5時間前後の公判につき8万円から9万円前後の加算とのこと。法廷に出る前の準備時間を考えると、やっぱり、とても割に合いません。

刑事弁護を引き受ける弁護士の多くは、お金のためではなく、被疑者・被告人の人権を守るためにたたかっているのです。

法律は外来語がお嫌い

キーワード

電子計算機　電磁的記録
電気通信回線
旅券　査証

クイズ

次の外来語を、外来語ではない表現に言い換えてみましょう。

① コンピューター　② フロッピーディスク　③ CD　④ インターネット
⑤ パスポート　⑥ ビザ

法律を眺めていると、外来語・カタカナ語が嫌いなのかなあと感じます。これまで見てきたように、もともと明治時代に西欧の法体系をまねし、その概念の多くをこなれない漢語で翻訳して使ってきたのが、日本の法の世界です。どうしても漢字中心、漢文調が残っているのは当然のことかもしれません。それにしても、最近できた法律や条文、改正されたばかりの条文でも、徹底して外来語を排斥しているように見えるのです。

解答（法律の中のことばで言い換えると）

①電子計算機　②③電磁的記録　④電気通信回線　⑤旅券　⑥査証

人の業務に使用する電子計算機若しくはその用に供する電磁的記録を損壊し、若しくは人の業務に使用する電子計算機に虚偽の情報若しくは不正な指令を与え、又はその他の方法により、電子計算機に使用目的に沿うべき動作をさせず、又は使用目的に反する動作をさせて、人の業務を妨害した者は、五年以下の懲役又は百万円以下の罰金に処する。

（刑法二三四条の二）

読みにくい文章ですね。刑法の「電子計算機損壊等業務妨害」に関する条文です。旧刑法（明治四〇年〔一九〇七年〕制定）では、「人ノ業務ニ使用スル電子計算機若クハ其用ニ供スル…」という、漢字カタカナ交じりの漢文調でした。それが平成七年（一九九五年）に改正され、表記が現代語化・平易化されて、現在のような姿になりました。しかし、読んでみると、助詞などがカタカナから平仮名になったほかは、ほとんどそのまま、たいして変わっていません。

「電子計算機」はコンピューター、「電磁的記録」はフロッピーディスクやCDなどのデータファイルをさします。要するに、人の使うコンピューターやFD・CDなどを壊してはいけませんよ、という法律なのです。ですから、「情報」も「データ」と呼んだほうがわかりやすいかもしれません。「不正な指令」というのも、コンピューターに対する指令のことです。

平成七年の法改正の段階で、コンピューターという用語が定着していないはずはありません。

あえて、「電子計算機」という呼称を残した、ということなのでしょう。もうひとつ、別の法律を見てみます。

自己の商品等表示として他人の著名な商品等表示と同一若しくは類似のものを使用し、又はその商品等表示を使用した商品を譲渡し、引き渡し、譲渡若しくは引渡しのために展示し、輸出し、輸入し、若しくは電気通信回線を通じて提供する行為。　（不正競争防止法二条①二号）

この法律は平成六年（一九九四年）に改正され、「電気通信回線を通じて」という箇所が付け加わりました。時代の変化を受けての追加のようです。「電気通信回線」って…？　そう、インターネットのことです。わざわざこの時代に、明治時代の漢語のようなことばを加えなくてもいいのに、と思います。

もちろん、カタカナで書かれる外来語を避けて、あえて漢字で表現することには、それなりのメリットもあるのでしょう。たとえば、「電磁的記録」は、かつてはテープレコーダーなどが使われていましたが、それがフロッピーディスクにかわり、ＣＤやＭＯにかわり、フラッシュメモリーなどの新しい媒体も生まれています。また、「電気通信回線」はひと昔前までは、パソコン通信が主流でしたが、十年ほどの間に、一気にインターネットが普及しました。

外来語は時代の最先端の雰囲気を伝え、インパクトも強いものです。しかし一方で、あまりに変化が速く流行《はや》りすたりが激しいと、法律のような、一定の普遍性や安定性が求められるものには向かない、という面があるのかもしれません。

次は、ご存じの方も多いでしょう。

この法律は、旅券の発給、効力その他旅券に関し必要な事項を定めることを目的とする。
（旅券法一条）

公用旅券の査証欄の増補の請求は、国内においては各省各庁の長が外務大臣に、…
（旅券法十二条②）

「旅券」は「パスポート」、「査証」は「ビザ」ですね。これらも、今日では外来語のほうが一般に使われていて、法律関係やお役所などでだけ、「旅券」「査証」が生き残っているようです。

「インフォームド・コンセント」とか「セカンド・オピニオン」とか、日本語として定着していない外来語の氾濫によって、意志疎通に支障をきたすことが、最近よく問題になります。だからといって、なんでもかんでも明治風の漢文調がよいか、といえば、そういうわけでもないでしょう。

法のことばは、流行よりも不易、変化よりも普遍性に重きをおくもののようです。かといって、時代遅れのままでよいわけでもないところが、むずかしいところです。

【法廷ことばミニ辞典】

法律用語は漢字好き

明治時代には西欧文明に追いつくために、さまざまな概念が急ピッチで移入され、大量の翻訳語が生まれました。その際、受け皿になったのが漢字の熟語です。漢字は一字で意味を表すことができ、複数の漢字を組み合わせて複雑な意味を表現できるので、これまで存在しなかったことばを訳すのに好都合だったのです。そうして、「哲学」「社会」など、多くのことばが生まれました。

ここでは、「わざわざ漢字熟語にしなくても～」と思えるような、法律の漢字好きが伝わってくる用語をまとめましょう。

知情《ちじょう》　事情を知っている、という意味です。「痴情」とまちがえないように。

犯情　犯行の事情のことをさします。

有体物　形の有る物です。P53参照。

相隣者《そうりんしゃ》　お互いに、隣どうしの土地に住む者のことです。

受傷《じゅしょう》　傷を受けることです。「受傷状況」などと、法廷でも使われます。

抗拒《こうきょ》　「抗《あらが》い拒《こば》む」ことです。つまり、抵抗することですね。

常況《じょうきょう》　いつも（常に）ある状態であるという意味です。「～の常況にある者については…」などと使われます（民法七条など）。

隠避《いんぴ》　隠し、避けさせることです。犯罪者を隠避すると罰せられます。

焼損《しょうそん》　焼いていためること。「艦船を焼損する」など。

酒臭《しゅしゅう》　ズバリ、酒臭《くさ》いという意味です。「酒臭が強い」などと使われます。

滅失《めっしつ》　紛失、盗難、火災など、さまざまな理由で、物が消滅してなくなること。

3章　法廷という舞台のキミョーなことば
～法律家たちのことば～

法廷はひとつの「舞台」です。さまざまな役割をになった「役者」たちが、セリフをやりとりし、ある「ドラマ」をつくりあげます。しかも、そのセリフは、長いあいだ世間から隔絶されてきた法の世界のなかで、独特の言いまわしに進化してきたものばかり。その奇妙なやりとりを「鑑賞」してみるのも、おもしろいものです。

この章では、法廷で飛びかう話しことばや、起訴状・判決文などの書きことばといった、法律家たちのことばを観察してみましょう。

裁判官・検察官は人にあらず

キーワード

被告人　弁護人
検察官　裁判官
原告代理人　被告代理人

法廷には、「人」と、そうではない人がいます。
さあ、かたっぱしからあげてみましょう。まず、刑事裁判の場合から。

「人」　　　　　…被告人、弁護人、傍聴人、証人、鑑定人、参考人、通訳人、…
「人」ではない人　…裁判官、検察官、書記官、…

もうおわかりですね。法廷には、「～人」と、「～官」がいるのです。裁判関連の公務員として働いている人は「～官」と呼ばれ、そうではない人は「～人」と呼ばれます。
このような呼称になっている時点で、すでに、訴える側（検察官）が「上」で、訴えられた側（被告人、弁護人）が「下」であるかのような印象を受けませんか？　実際の刑事裁判では、被告人は罪を認めている場合が多く、市民感覚からみれば、「こいつが犯人だ」というイメージが強くあります。「被告人」＝「犯人」＝「悪人？」といったイメージができてしまっており、「無罪推定」（P15）といっても、ホンネのところでは「有罪確定」なんじゃないの？　といった雰囲気が濃厚にあります。「～官」に裁かれる「～人」という構図が、そんな雰囲気に拍車をかけているようにも思えます。

「弁護人」という呼び方にも、違和感がありませんか？　難関の司法試験に合格した法律の専門家なのに、裁判官や検察官とは一線を画し、「被告人」と同じように「～人」という呼び方なのです。そもそも、なぜ、「弁護士」と「弁護人」という二つの呼び方があるのでしょうか。じつは、「弁護人＝弁護士」ではありません。正しくは、「弁護人≧弁護士」なのです。

刑事訴訟法第三一条
①弁護人は、弁護士の中からこれを選任しなければならない。
②簡易裁判所又は地方裁判所においては、裁判所の許可を得たときは、弁護士でない者を弁護人に選任することができる。ただし、地方裁判所においては、他に弁護士の中から選任された弁護人がある場合に限る。

弁護人は、原則として弁護士から選ぶ、というわけです。したがって、法廷で被告人を弁護する人を「弁護士」と呼ぶのは、厳密にいうと不正確です。「弁護士」はその人の肩書であり、もっている資格であり、職業です。一方、「弁護人」は、法廷における役割をさすのです。

次に、民事裁判のケースを考えてみましょう。民事裁判の当事者は、「原告」と「被告」です。この点で、民事裁判では訴える側と訴えられる側は対等だといえるでしょう。民事裁判に登場する「人」と「官」は…

「人」　…原告代理人、被告代理人、傍聴人、証人、鑑定人、通訳人、…
「官」　…裁判官、書記官

「原告代理人」と「被告代理人」を合わせて「訴訟代理人」といいます。訴訟代理人は、弁護士から選ばれるケースが大半ですが、これも「訴訟代理人≧弁護士」です。簡易裁判所では、事件によっては弁理士や司法書士が訴訟代理人になることも可能だからです。

話題を刑事裁判に戻しましょう。刑事裁判は、「人」（被告人や弁護人など）と、「人」ではない人＝「官」（裁判官、検察官など）から構成されていました。では、裁判員制度において、「裁判員」はどちらなのでしょう？「人」なのか？「人」ではないのか…。

E s s a y

「裁判員」ということば

日本の裁判員制度と同じように、刑事裁判に国民が参加する制度は、諸外国にもあります。代表的なのは、アメリカ、イギリスなどの「陪審制」と、フランス、ドイツなどの「参審制」です。

陪審制では、犯罪事実の認定（有罪か無罪か）の判断を、専門の裁判官ではなく、事件ごとに国民から選ばれる陪審員だけでおこないます。裁判官は法解釈と量刑だけを扱います。

参審制では、専門の裁判官と国民から任期制で選ばれた参審員がいっしょに議論し、犯罪事実の認定や量刑や法解釈の判断をおこないます。

日本の裁判員制度は、裁判官と裁判員がいっしょに議論するという点では参審制に似ていますが、法律の解釈は専門の裁判官がおこないます。また、裁判員は任期制ではなく事件ごとに選ばれるので、その点は陪審制に似ています。

新しい制度に「裁判員」という用語が採用されるにあたっては、司法制度改革審議会で参考人として意見を述べた東大名誉教授、松尾浩也さんの意見が影響した、といわれています。新制度を「陪審制」にするか「参審制」にするかで議論が割れ、あいだをとって「参陪審《さんばいしん》」なんていう候補も出ていました。そこへ、松尾さんが「仮に参加する市民を『裁判員』と言いますと…」と述べ、それで方向性が決まっていった、とか。裁判に参加するが「官」ではないという意味で思いつかれたようです。

じつは、日本にはもうひとつの「裁判員」の制度があります。裁判官が職務上の義務に著しく違反すると、国会に弾劾裁判所が設けられ、裁判を受けます。この弾劾裁判所は、衆議院と参議院から7名ずつ選ばれる国会議員から構成され、その議員たちを「裁判員」と呼びます。

ちなみに、中国では、裁判官のことを「審判員」と呼びます。検察官は「公訴人」。「被告人」と「弁護人」は日本と同じ。中国は陪審制をとっていて、人民代表は「陪審員」です。つまり、中国では、裁く立場の人は、職業裁判官である「審判員」と市民から選ばれた「陪審員」。どちらも「員」です。そして、「被告人」をめぐって「公訴人」と「弁護人」が争うのです。う～ん、中国のほうがすっきりしていませんか？

「法廷弁」ウォッチング

キーワード
然るべく　思料します
差し支えます　お受けします
異議あり　裁判所から…

法廷は、ひとつの舞台です。裁判官・検察官・弁護人といった役者たちが、それぞれの役割をにない、役柄にそった「演技」をすることが求められます。そのために、一定の決まった手続きや進行の手順（劇でいえばシナリオ）があり、場にふさわしい発言（劇でいえばセリフ）の形式があります。そのような日常生活から切り離された空間で、暗黙の決まりごととして定着していることばづかいは、外の世界の人間が聞くとなんとも奇妙な、不思議な感じがするものです。いわば、法廷ならではの方言＝法廷弁。ここでは、そんな法廷弁の世界に触れてみましょう。

ある裁判員裁判の初日。一人の裁判員が被告人と親族関係にあることがわかりました。

裁判長：　この裁判員は当該事件について裁判員となることができないので、その代わりの裁判員に補充裁判員をあてたいのですが、検察官、弁護人、いかがですか。
検察官：　然るべく。（裁判官におまかせします。）
弁護人：　相当と思料します。（賛成です。そうするべきだと思います。）

「然るべく」とは、なんとも古めかしい言い方ですが、法廷でじつによく使われます。分析すると「しか」＋「ある」＋「べく」となり、「そうであるように」という意味です。やはり、少しかた苦しい表現ではありますが、「然るべき対策を講じる」（当然するべき対策をする）、「然るべき人物を議長に据える」（当然議長になるのがふさわしい人を、議長にする）などという言い方は、今日でも使われます。また、「この件は然るべく取り計らいます。」（この件は、それにふさわしい適当な対応をします。）というように、「然るべく」の後に表現をつづける言い方も、たまに耳にします。しかし、たとえば、「たばこを吸ってもいいですか?」ときかれて、「然るべく。」と答える人は、法廷の外ではいないのではないでしょうか。

「然るべく」は「肯定」＝YESとはニュアンスがちがいます。「そうあるべきように」ということなので、いわば、「おまかせします」「いいようにしてください」ということなのです。肯定でも否定でもなく、ニュートラル、ということです。

ある法律家は、「さすがにおごそかな法廷の場で、『どうでもいいよ』とは言いにくいでしょ。肯定でも否定でもないときに、とても便利なことばなんですよ」と笑って教えてくれました。

「思料します」は法廷弁の代表ともいえるものです。「思料」は、あれこれと思いめぐらすこと、思いはかることを意味する漢語で、明治時代の小説や法律文などにはしばしば出てきます。漢文調の文章の中で使われることばで、明治時代に漢文調で法体系を整備していったときのなごりでしょう。今日でも、一部のお役所の文書のやりとりなどでは、「～と思料」「～と思料する」という表現が残っているようです。しかし、口頭でこのことばが使われているのは、法廷くらいではないでしょうか。

その日の公判の内容がひととおり終わりました。次回の裁判の日を決めます。

裁判官：では、次回期日を決めましょう。一月二十日は、どうですか。
弁護人：午後は、差し支えます（都合が悪いです）。**午前ならお受けできます**（大丈夫です）が。
裁判官：では、一月二十日の午前十時はどうですか。
弁護人：お受けします（了解しました）。
検察官：お受けします（了解しました）。
裁判官：では、次回期日は、一月二十日の午前十時とします。
（裁判官、被告人に向かって）
裁判官：では、次回公判期日は一月二十日ですから、被告人は必ず出廷するように。

「差し支える」は、今日では、「差し支えなければ、ご同席してもよろしいでしょうか。」のように、「差し支えない」という否定形で使うことが大半です。これが法廷では、「差し支えます」という肯定形の表現で、「都合が悪い」ということを表す決まった言い方として、頻繁に使われます。「お受けします」も定番の表現です。「お上」のご意向を下々《しもじも》の者がつつしんでお受けする、というニュアンスが感じられます。こういうへりくだった言い方は、戦前の裁判からつづく慣習で、「裁判官ってえらいんだなあ」と感心してしまいます。

最後の裁判官の発言、「被告人は必ず出廷するように」も決まった言い方のようです。多くの刑事裁判では、被告人は勾留（P103）されているので、公判の日に、「自分は気乗りしないから裁判に出廷しない」というような出廷拒否はありえないのですが、裁判官はいつもこのように言っています。実質的には無意味な発言で、形式的なものでしょう。

証人尋問がおこなわれています。

弁護人：　その車を運転していたのはどういう女ですか。

検察官：　異議あり。重複質問です。（同じ質問のくり返しであり、適当ではないので、そのような質問をやめさせてほしい。）

裁判官：　弁護人、ご意見は。

弁護人：　重要事項であり、正当な理由があると思料します。

裁判官：　異議を棄却します。

（中略）

裁判官：　では、裁判所からも質問します。あなたが、その女をAさんだと思ったのはなぜですか。

（後略）

「異議あり！」は法廷ドラマなどでもよく出てくる、定番ですね。相手方の主張は不当なものなので発言を制限してほしい、と裁判官に訴えることです。もともと、「異議を申し立てます」が正式の言い方でしたが、戦後、簡略化されてきました。裁判官がそれを認めるときは「異議を認めます」、認めないときは「異議を棄却します」と答えます。「異議を却下します」と言うときもあります。門前払いのような、いばった表現ですね。裁判官のセリフにある、「裁判所から」というのも、法廷弁ならではの表現です。法廷では、裁判官は自分のことを「裁判所」と呼ぶのです。

さまざまな「法廷弁」は、初めて法廷を訪れた人々を驚かせますが、ちょっと慣れてくると便利だったり、法廷の雰囲気にふさわしいように感じられたりもするものです。「今日の夕食カレーでいい？」ときかれたとき、「どうでもいいよ」だとけんかになりかねませんが、「然るべく」と答えると、ちょっとデキる旦那さんと思われたり…しませんかねえ？

【法廷ことばミニ辞典】

法の世界のギョーカイ語

法律用語というほど正式なことばではなくとも、法の世界ではよく使われるギョーカイ語のようなことばがいろいろあります。主なものを紹介しておきましょう。

手けん　「手拳」とも書きます。要するにゲンコツのことです。公訴事実（P128）などに、「手けんで被害者の腹部を殴打し…」などと書かれることがよくあります。

録取　記録をとることを法廷ではよくこう言います。

引き回す　相手を誘導することをさす隠語のようなものです。裁判員になったとき、裁判官は専門家だからといって「引き回される」ことのないように気をつけましょう。

犯人性　「被告人の犯人性は明らか」などと使われます。犯人であるということ、といった意味でしょうか。

不服　判決の結果に満足がいかないときは決まって「不服」という言い方をします。

頃・間　起訴状朗読や冒頭陳述などで、「八時三十分頃」などと出てくると、必ず「ころ」と読み、「ごろ」と濁ることはありません。「○月×日から△月□日の間」などというときの「間」、これは必ず「カン」と読み、「あいだ」とは言いません。検察官特有の慣習のようです。

葉　法廷で書類を示すとき、ページのことを「葉」と呼ぶことがあります。「本葉の写真は前葉の写真の状況を北方から撮影したものです」などと使います。

手控え　正式の書類ではないメモを、こう呼びます。

謄写　事件の記録など、文書をコピーしたり書き写したりすること。

一文は原稿用紙一枚分

キーワード
公訴事実　起訴状

学校の作文の時間に、「一文は短く、主語と述語をきちんと対応させて」といった指導を受けませんでしたか？　大人向けの「わかりやすい文章の書き方」のような本を手にとっても、一文を短くすることは、わかりやすい文章にとって欠かせない要素のようです。

ところが、難関の司法試験を合格した検察官の書く文章が、まさか、悪文であるはずは…。次ページの文章をご覧ください。さあ、これをひと息で読める人がいるでしょうか。この本のほぼ一ページ分で一文になっています。なんと四二二字から成ります。原稿用紙一枚分の長さですね。学校の作文でこんな文章を書いたら、国語の先生に叱られてしまうでしょう。なにもこれは悪文のお手本として私がつくったものではありません。実際の裁判で使われた「公訴事実」の実例なのです。

「公訴」とは、刑事事件で検察官が裁判所に裁判を求めることをいいます。公訴の際には、起訴状（P130）と呼ばれる書面を提出することになっています。起訴状には、被告人の個人情報（氏名・本籍・住居・職業・生年月日）、公訴事実、罪名（犯罪の名前）を書くことが法律で決められてい

公　訴　事　実

被告人は，平成２０年2月8日午後7時過ぎころ，甲県A市大町３番２９号所在の被告人方敷地内において，運転開始前に飲んだ酒の影響により，前方注視及び運転操作が困難な状態で，普通乗用自動車の運転を開始してこれを走行させ，もってアルコールの影響により正常な運転が困難な状態で自車を走行させたことにより，同日午後7時１５分ころ，同市南町４５番地付近道路をE町市街地方面から南町大橋方面に向かって時速約７５キロメートルで走行中，自車を左方路外にはみ出して走行させたのに引き続き，ハンドルを右に急転把させて対向車線にはみ出して走行させ，折から対向進行してきた吉野清秀（当時５７年）運転の普通乗用自動車右前部に自車左前部を衝突させ，その衝撃により，同人運転車両を横転させるなどし，よって，同人に左下腿骨開放性複雑骨折等の傷害を負わせ，同日午後8時４３分ころ，同市上町２番５号所在の甲県立病院において，同人を前記傷害に基づく外傷性ショックにより死亡させたものである。

平成２０年検第　　　　号

起　　訴　　状

平成２０年○月 × 日

＊＊地方裁判所　殿

＊＊地方検察庁
検察官　　検事　●●●●

下記被告事件につき公訴を提起する。

記

本　籍　甲県A市本町５００番地２５
住　居　同市大町３番２９号
職　業　農　業
　　　　勾留中

船　木　　悟
昭和３４年２月４日生

公　訴　事　実

被告人は，平成２０年２月８日午後７時過ぎころ，甲県A市大町３番２９号所在の被告人方敷地内において，運転開始前に飲んだ酒の影響により，前方注視及び運転操作が困難な状態で，普通乗用自動車の運転を開始してこれを走行させ，もってアルコールの影響により正常な運転が困難な状態で自車を走行させたことにより，同日午後７時１５分ころ，同市南町４５番地付近道路をE町市街地方面から南町大橋方面に向かって時速約７５キロメートルで走行中，自車を左方路外にはみ出して走行させたのに引き続き，ハンドルを右に急転把させて対向車線にはみ出して走行させ，折から対向進行してきた吉野清秀(当時５７年)運転の普通乗用自動車右前部に自車左前部を衝突させ，その衝撃により，同人運転車両を横転させるなどし，よって，同人に左下腿骨開放性複雑骨折等の傷害を負わせ，同日午後８時４３分ころ，同市上町２番５号所在の甲県立病院において，同人を前記傷害に基づく外傷性ショックにより死亡させたものである。

罪名及び罰条

危険運転致死　　　　刑法第２０８条の２第１項前段

ます。公訴事実というのは、検察官が起訴状に書く事件の要点のようなものです。飲酒運転で対向車と衝突し、相手の車の運転手を死なせてしまったというこの事件。その要点を伝えるのに、なぜこのような奇妙な表現をしなければならないのでしょうか。

この公訴事実の特徴を細かく見てみましょう。

まず、驚くのは、この四二二字からなる公訴事実が、一文で書かれていることです。主語と述語も遠く離れ、主語は文頭の「被告人は」、述語は文末の「死亡させたものである」です。主語と述語が原稿用紙一枚分も離れています。

くり返し表現も多いですね。「運転」は六回、「走行」は五回、「自車」は三回、「同人」は三回使われています。使役表現の「〜させ」も目立ちます。「走行させ」「急転把させ」「衝突させ」「横転させ」「負わせ」「死亡させ」など、動詞の大多数が使役の形になっています。「急転把」「左下腿骨開放性複雑骨折」などのむずかしいことば、また、「自車」という聞きなれないことばも見られます（「マイカー」とか「自分の車」ならばわかりやすいのに）。

それから、「同日」「同人」「同市」の「同」が気になります。「同日」は「八日」、「同人」は「吉野清秀」、「同市」は「A市」です。「人」は、被告人と被害者（＝吉野清秀）の二人いますので、「同人」がどちらをさすのか、迷ってしまいませんか？

さらに、日時や場所や犯行時の様態が、異様に詳しく記載されていることにも気づきます。特に、「午後七時一五分ころ」というのは、細かいですね。こういう記述を、ビデオカメラで記録したわけでもないのに、どうやって証明するのかなとも思ってしまいます。

このように、一見、悪文の典型のように見える公訴事実ですが、それには理由があります。公訴事実には、記載しなければならない事柄が法律で決まっているのです。刑事訴訟法第二五六条には、検察官が主張する犯罪事実の要点を明示し、その際に日時や場所や方法からその犯罪事実が特定できるようにせよ、と書いてあります。場所や日時が細かくなるのはそのためです。「同人」が被告人をさすのか被害者をさすのか混乱すると書きましたが、法律家は絶対にまちがえません。公訴事実では、被告人が常に主語で、冒頭におかれ、以下、被害者が受けた被害について書いてあるので、「同人」はもっぱら被害者のことをさすのです。

使役表現が多いと書きましたが、その主語はすべて被告人です。公訴事実は、被告人が法律に触れるこういう悪いことをしたという検察官の話の要点です。したがって、「被告人には悪い事態を引き起こした責任がある」ということを強調する性格があります。このため、被告人の行動に関する動詞には、「〜させた」という使役表現が多く使われることになるのです。また、くり返しのことばが多いのは、同じ物をさすのに別のことばを使うと、さしているものが異なってしまうのではないかという心配が、法律家にはあるからです。

公　訴　事　実

被告人は，平成２０年２月８日午後７時過ぎころ，甲県A市大町３番２９号所在の被告人方敷地内において，運転開始前に飲んだ酒の影響により，前方注視及び運転操作が困難な状態で，普通乗用自動車の運転を開始してこれを走行させ，もってアルコールの影響により正常な運転が困難な状態で自車を走行させたことにより，同日午後７時１５分ころ，同市南町４５番地付近道路をE町市街地方面から南町大橋方面に向かって時速約７５キロメートルで走行中，自車を左方路外にはみ出して走行させたのに引き続き，ハンドルを右に急転把させて対向車線にはみ出して走行させ，折から対向進行してきた吉野清秀(当時５７年)運転の普通乗用自動車右前部に自車左前部を衝突させ，その衝撃により，同人運転車両を横転させるなどし，

よって，同人に左下腿骨開放性複雑骨折等の傷害を負わせ，同日午後８時４３分ころ，同市上町２番５号所在の甲県立病院において，同人を前記傷害に基づく外傷性ショックにより死亡させたものである。

「危険運転」

「致死」

刑法第二〇八条の二①前段

アルコール又は薬物の影響により正常な運転が困難な状態で四輪以上の自動車を走行させ、

よって、人を負傷させた者は十五年以下の懲役に処し、人を死亡させた者は一年以上の有期懲役に処する。

主語の「被告人は」を文頭におき、述語の「死亡させたものである」が文末にくる構文が公訴事実の伝統的なスタイルです。主語と述語を骨格として、そのあいだにおかれる犯罪の要点を注意して読んでいけばわかる、ということで、このスタイルに慣れた法律家にとってはむずかしいものではありません。

主語と述語の間を、いくつかの短文に分けたほうがよいと考える方も多いでしょう。しかし、そうかんたんにはいかないようです。たとえば、この事件の場合、危険運転致死という犯罪です。公訴事実をもう一度よく見てみると、「平成20年2月8日午後7時過ぎころ…横転させるなどし、」までは、「危険運転」にあたる箇所で、「よって、同人に左下腿骨開放性複雑骨折等の…ショックにより死亡させた」までは「致死」にあたります（前ページ図参照）。法律で、「危険運転致死」を一文で表しているので、法律にもとづいて裁判を求めている公訴事実でも、「危険運転致死」に該当する箇所を一文でまとめてあるのです。

裁判員制度を考慮して、公訴事実を短文化しようという動きもあるようですが、一度しくみを覚えてしまうと意外にわかりやすくできているだけに、短文化の定着には時間がかかるかもしれません。何よりも、このスタイルに愛着をもっている検察官も少なくないようです。

【法廷ことばミニ辞典】

裁判員なら知っておいていい法廷用語（2）

刑事裁判でよく使われることばの第二弾です。ここでは犯罪の成立や犯罪にかかわる用語を取り上げましょう。

共同正犯　二人以上で一緒に犯行をおこなうこと。犯罪行為の一部しかかかわっていなくても、全部について責任を問われます。なお、実際に犯行現場にいなくても、実行犯に指示を出したり計画に深くかかわったりしていた場合は、「共謀共同正犯」として同じ罪に問われることがあります。

教唆犯　他人をそそのかして犯罪をおこなわせることです。「共謀共同正犯」と似ていますが、直接犯行にかかわったと同じくらいに強い影響を与えたとはいえない場合に、「教唆犯」となります。

従犯　他人の犯罪を幇助（手助け）した人。自分から犯罪をおこなった場合よりも軽い刑が適用されます。実際の裁判では、「共同正犯」にあたるのか、「従犯」にあたるのかが、争点となったりします。

中止犯　「中止する犯罪」って何だろう、と思われますか？　これは犯罪を途中で中止し、未遂に終わったことをさします。「中止未遂」ともいいます。この場合には刑が減軽（P148）されるか免除されます。

予備罪　犯罪行為の準備をしながら実行に着手しなかった場合の罪です。人を殺すつもりで包丁を買っておいた、などがこれにあたります。

略取　暴行・脅迫によって人を連れ去ることです。これに対して、甘いことばで誘い出したりして人を連れ去ることを「誘拐」といいます。

「独自の見解」はけしからん

キーワード

独自の見解　例文判決

「独自の見解」ということばを、どんな場面で使いますか？　ちょっとネットで検索してみました。

おせち料理についての独自の見解
報道と一緒になって文句を言う前に、自分なりに調べ、独自の見解を持とう。
競馬業界で博識を誇る「賢人」たちが、独自の見解を大公開。
大阪府議会が財政再建プログラムに対する独自の見解を公表。
小泉前首相が環境問題についても独自の見解を披露した。

「独自の見解」とは、他の人の真似ではない、自分ならではの意見、といった意味でしょう。情報に流されたり他人の言いなりになったりするのではなく、自分の頭で考え、自分の意見をもつ。それは、基本的にはよいことです。ときに、その「独自」さが強烈で個性が強すぎると、敬遠されることもありますが。（「小泉前首相…」の例には、その雰囲気を読み取れるような気もしますね。）「独自の練習方法を工夫する。」「このような研究上の着眼点は彼独自のものだ。」などなど、「独自」ということばは、その人の個性・オリジナリティーをプラスに評価する場合が多いようです。ですから、日常語としては、「独自の見解」もプラス評価の場合が多く、ネットなどでざっと見るかぎりでは、マイナス評価に使われることは比較的少ないようです。

ところが、「独自の見解」が最高裁判所の判決文にあったら、要注意です。


独自の見解に立って原判決を論難するものにすぎず、採用することができない。

右に反する独自の見解を主張するものであつて、採用のかぎりでない。

右独自の見解を前提とするものであつて、採用し得ない。

独自の見解に立脚して、～主張するものであつて、採用の限りでない。

独自の見解に基づいて原判決の違法を主張するものに過ぎず、採用することができない。

独自の見解に基づき原判決を曲解したものであって、～採用できない。

原告の同主張は、独自の見解であって、にわかに採用することはできない。


ともかく、「独自の見解」のオンパレード。しかも、必ず文末に、「採用することができない」「採用のかぎりではない」など、決まった形の否定形がきます。ひとつの判決文に三つ四つ「独自の見解」があらわれることもめずらしくありません。

「独自の見解」は、最高裁の判決文で上告を棄却する（原告の訴えを退け、高等裁判所の判決が妥当だとする）ときの、決まり文句なのです。「原告の訴えは、一般的に承認できない、勝手な言いぶんであり、採用できない」というわけです。

法の世界でよく批判されるものに、最高裁判所の「例文判決」があります。例文判決とは、詳しい判決理由も書かずに、決まったパターンを使ってまとめられている判決文をさします。「独自の見解」は、この例文判決に見られる特徴であり、その典型だといえるでしょう。最高裁判所に訴えてまで裁判でたたかいたい、というのは、よほどの覚悟で、それ相応の事情があるはずです。仮に結果として棄却するにしても、「独自の見解にすぎない」などという言い方、この定型化したパターンで一刀両断に切り捨ててしまってよいものでしょうか。

判決文も法律と同様、法の世界のなかでの決まりごと、定番の書き方にしたがってつくられています。「独自の見解」は長いあいだ、最高裁に対する訴えを退けるときに便利な言いまわしとして、くり返し用いられ、慣例として定着していったのでしょう。その背景には、年間四〇〇〇件ともいわれる、最高裁のすさまじい仕事量もあるのかもしれません。

さすがに、批判も多いためか、このような例文判決は減ってきています。最高裁は、日本におけるもっとも重要な判断が示される場。心のこもった、「独自の（＝オリジナリティーある）見解」にもとづく判決文を示してほしいもの、と思います。

Essay

弁護士はお金持ち？ 〜海外編〜

アメリカ企業との交渉で、アメリカ人弁護士を立てる日本企業が増えてきました。報酬はタイムチャージ制で払うことが多いようです。タイムチャージ制とは、時間単価を決め、業務に費した時間数に応じて報酬を支払う、要するに時給制です。相場は1時間あたり15,000円から70,000円と、かなり幅があります。

以下、私がある知人から聞いた実話です。

某日本企業が、アメリカの会社との契約書作成を、アメリカ東部の知名度の高い弁護士に依頼しました。その弁護士の時給は600ドルなので、日本円で60,000円ぐらい。高いけれど、まあ、相場にはおさまっています。とはいえ、飛行機はファーストクラス、宿泊先は帝国ホテルのスイートルーム。報酬の他に支払う交通費と宿泊費の実費も半端な金額ではありません。タイムチャージは、ホテルのスイートでの準備や来日前のアメリカの事務所での時間も含まれます。これらは「見えない」仕事なので信じるしかありません。一般に、アメリカの法律事務所は、日本企業が文句を言わないのをいいことに2割程度割り増しして請求するそうです。日本企業も感づいているのでしょうが、肝心なところで手を抜かれると元も子もないので、請求どおり払うことが多いようです。

某企業はこの大物弁護士を高級ワインとフランス料理でもてなし、接待の一環で工場見学もさせました。

弁護士の帰国後に届いた請求書を見てびっくり！　工場見学やホテルでの食事の時間も、時給60,000円でタイムチャージされていました！おとなしい日本企業も、これはひとこと言わねばと思ったようです。

「工場見学や食事の時間は業務に関係がないので、請求書から削除してほしい」という日本企業からの要求に、弁護士側は、「工場見学や食事中の会話によって御社の情況を的確に把握することができ、それが契約書作成の参考となっている」と主張しました。日本側も負けません。「工場見学や食事のときの会話では、業務に関係のない一般的なことしか話していなかった。経費削減が言われているので、今後は、会食をはぶく」と言い返したら、ようやく向こうも折れた、ということです。

判決文はコピペだらけ

キーワード
判決文　公訴事実
請求の趣旨

学生のレポートを読んでいて、ん？　どこかで見覚えが…、と思って調べてみると、インターネット上の記事からのコピペ（コピーしてペースト（＝貼り付け）すること）だった、ということがよくあります。大学生どころか、小学生の読書感想文でも見つかった、というニュースもありました。アメリカ製のコピペ摘発システムが日本上陸、という記事も読んだことがあります。コピペは日本だけではなく、世界的に問題になっているようですね。見つけたら単位を与えない、ときびしく対処している先生もいます。しかし、判決文となると、コピペは伝統的なことであり、まったく問題がない、むしろ率先しておこなわれていることのようです。

【刑事事件】

刑事事件では、検察官の求刑に近い判決が出ると、検察官の作成した公訴事実からのコピペが多くなります。検察官の主張をそれだけ採用した、というわけです。次の起訴状に書かれた公訴事実と、判決文の冒頭部分を比較してみましょう。

判決文（冒頭）

平成２０年２月１４日宣告　裁判所
平成１９年(わ)第３２９８８号　殺

判　　　　決

被告人の表示
氏　名　森　一郎
年　齢　４０歳(昭和４２年５月４
職　業　無職
本　籍　甲県Ａ市隼町１丁目１番
住　居　同市隼町4丁

主　　　　文

被告人は有罪であるが，心神耗

理　　　　由

（犯罪事実）
被告人は，
第１　平成１９年６月２日午後７時
A市隼町３丁目１番１５号所在
ンタカー本店南側駐車場におい
５８年）に対し，殺意をもって
さ約１３センチメートルの小刀
左顔面を力一杯１回切りつけた上，その背部を力一杯１回突き刺し，よって，同日午後８時５９分ころ，同市中央２丁目３番４号所在の甲県立病院において，同人を背面刺創に基づく出血性ショックにより死亡させて殺害し
第２　業務その他正当な理由による場合でないのに，同日午後７時４３分ころ，前記株式会社隼レンタカー本店南側駐車場において，前記小刀様の刃物一丁を携帯し
たものであるが，本件各犯行当時，統合失調症のため心神耗弱の状態にあった。
（争点に対する判断）

コピペ

平成１９年検第　　　号

起　　訴　　状

平成１９年〇月×日

＊＊地方裁判所　殿

＊＊地方検察庁
検察官　検事 ●●●●

下記被告事件につき公訴を提起する。

記

本　籍　甲県Ａ市隼町１丁目１番１号
住　居　同市隼町４丁目２番１号　１０－３０８号
職　業　無　職
勾留中　森《もり》　一《いち》　郎《ろう》
昭和４２年５月４日生

公　訴　事　実

被告人は
第１　平成１９年６月２日午後７時４３分ころ，甲県Ａ市隼町３丁目１番１５号所在の株式会社隼レンタカー本店南側駐車場において，田村弘(当時５８年)に対し，殺意をもって，所携の刃体の長さ約１３センチメートルの小刀様の刃物で，その左顔面を力一杯１回切りつけた上，その背部を力一杯１回突き刺し，よって，同日午後８時５９分ころ，同市中央２丁目３番４号所在の甲県立病院において，同人を背面刺創に基づく出血性ショックにより死亡させて殺害し
第２　業務その他正当な理由による場合でないのに，同日午後７時４３分ころ，前記株式会社隼レンタカー本店南側駐車場において，前記小刀様の刃物一丁を携帯し
たものである。

罪名及び罰条

第１　殺　人　　刑法第１９９条
第２　銃砲刀剣類所持等取締法違反
同法第３２条第５号，第２２条

起訴状

の部分がコピペの箇所です。この判決文の冒頭部分（このときの判決文は全部で4ページでした）だけを見ると、大半が公訴事実のまま貼り付けたものだということがわかります。検察側の主張が認められる判決の場合は（日本ではそのケースが圧倒的に多いわけですが）、公訴事実をまずコピペして、そこに裁判所の判断を書き加える、というかたちで判決文がつくられているみたいですね。

> **請求の趣旨**
>
> 1　被告は、原告に対し、２５０万円及びこれに対する平成２０年１月１５日から支払済みまで年五分の割合による金員を支払え。
> 2　訴訟費用は、被告の負担とする。
>
> との判決及び仮執行の宣言を求める。

【民事事件】

民事事件では、原告が裁判を起こすときに、裁判所に訴状と呼ばれる文書を提出します。訴状の中には、「請求の趣旨」という、「このような判断をしてほしい」という内容をまとめたものが記載されています。例を上に示しておきましょう。

裁判の結果、原告の主張が認められる度合いが高いと、この「請求の趣旨」の内容が判決文の主文にそれだけ多く盛りこまれます。原告が全面勝訴した場合、判決の主文は次ページの左上のようになります。ほとんどがコピペですね。ちなみに、原告が裁判にすっかり負けてしまった場合の判決の

「主文」は、その下のようになります。「請求の趣旨」は、影も形もありません。

主　　文

1　被告は、原告に対し、２５０万円及びこれに対する平成２０年１月１５日から支払済みまで年五分の割合による金員の支払え。
2　訴訟費用は、被告の負担とする。
3　この判決は、仮に執行することができる。

主　　文

1　原告の請求を棄却する。
2　訴訟費用は、原告の負担とする。

「請求の趣旨」は、慣例から、原告が求める判決の主文と同一の文言が使用されます。つまり、判決文が「請求の趣旨」からコピペしたというより、原告側の弁護士（原告代理人）が裁判官にコピペしてもらいたい判決文を前もって用意しておく、と考えたほうがいいかもしれません。

学生のレポートには、テーマを見つけ、資料を集めて、分析し、自分の考えをまとめていくという、その学生にしか書けないオリジナリティーが求められています。ですから、ほかの文献やネット上からコピペしたものをレポートとして提出するのは、「剽窃」「盗作」といった「盗み」の行為になります。一方、裁判の判決は、刑事裁判であれ民事裁判であれ、双方の主張を聞いて、裁判官がその当否を判断するわけですから、勝った側の主張の文言が使用されても、それは「剽窃」ではなく、「採択」「採用」ということなのです。なんとも合理的なものです。

各自50万、二人でいくら？

キーワード

各自　連帯して

クイズ

人のよいAさんが、友人Bさんの連帯保証人を引き受けました。ところが、Bさんは仕事がうまくいかなくて借金が払えなくなり、債権者から訴えられてしまいました。Aさんの家に簡易裁判所から送られてきた判決文には、次のようにありました。

被告らは原告に対し、各自50万円支払え

さて、この気の毒なAさんはいくら支払い、Bさんはいくら支払うことになるでしょうか。また、二人合わせるといくら支払うことになるでしょうか。

ずいぶん馬鹿にしたクイズだと思いますか？　算数の初歩、小学校低学年レベルの問題と感じるかもしれません。でも、これは、数学ではなくて国語、ことばの問題なのです。なんとこの場合、「各自50万円」とは、一人あたり50万円ではなく、「A、Bのどっちでもいいから50万円」という意味になります！

解答　Aさんは50万円支払う。Bさんは払えなくなったという前提なので0円。二人合わせると50万円ということになる。

民事の裁判官が判決文を書くための手引書に、次のような箇所があります。

数名の被告が原告に対し連帯債務を負うものと判断した場合、主文に「被告らは、原告に対し、連帯して金○○円を支払え。」という書き方と、「被告らは、原告に対し、各自金○○円を支払え。」という書き方とがある。（『9訂　民事判決起案の手引』司法研修所編、傍線引用者）

「各自○○円支払え」と「連帯して○○円支払え」という二つの書き方があって、「いずれでも差支えない」（同手引書）のです。そしてどちらも、かんたんに言うと、「どっちでもいいから○○円支払え」ということです。50万円をAとBが二人で分けるかどうかは、裁判所は関知しません。

そもそも、日常語としての「各自」と「連帯して」は、まるでちがうことばです。

各自　…一人一人。めいめい。おのおの。

連帯　…①お互いの気持ちが結びついていること。

②二人以上の者がある行為や行動に対して共同で責任をとること。（明鏡国語辞典）

このような、ほとんど反対のようなことばが、なぜ、「いずれでも差支えない」のでしょうか。

法律家の見解はこうです。「被告らは原告に対し、金50万円支払え」と書くと、二人合わせて50

万円という意味になってしまい、A・Bそれぞれ25万円ずつ支払うことになる。これは判決の意図とはちがう。また、「被告らは原告に対し各金50万円支払え」と書くと、Aが50万円、Bが50万円という意味になり、計100万円となってしまう。これも判決の意図とはちがう。本当は、「被告Aは原告に対し金50万円支払え、被告Bは原告に対し金50万円支払え」と書きたいところだが、それでは判決文の簡潔さが損なわれる。そこで「各自50万円」という表現になる、というのです。

どうですか？　納得できましたか？　なんともよくわからない理屈で、このような説明を聞いても、「なるほど、『各自』だと誤解がなくていい」とは、私にはとうてい思えません。法の世界という閉じた領域のなかで、それが常識だとしても、一歩外に出れば、その常識はまるで通用しないのではないでしょうか。裁判所から一般市民に届く判決文が、ヘンテコな日本語で書かれていていいわけはありません。

先にあげた裁判官の手引書は、次のように続きます。

両者のいずれでも差支えないが、当事者のための判決書であることを重視して、後者（「連帯して」引用者注）を相当とするのが最近の実務の考え方である。

「当事者」とは、すなわち一般市民です。この手引書も、以前の版ではこのような補足がありませんでしたので、いまよりもこのヘンテコな「各自」が多用されていたと考えられます。やはり誤解が多かったためでしょう。このような「各自」の使い方は近年減ってきているようです。

E　s　s　a　y

裁判官の国語力は中学生並み?

「各自50万、二人でいくら？」は、次の論争をヒントにしました。

友人の連帯保証人になっていた、科学評論家の鎮目恭夫《しずめやすお》さんの元に、簡易裁判所から「各自90万円を支払え」という判決文が届きました。「各自90万だから二人で180万、ずいぶん値上げした判決だとあきれて」、控訴を考えたところ、知り合いの弁護士に、「ああ、その“各自”というのは“連帯して”と同じ意味ですよ」と言われたそうです。

この件に刺激された鎮目さん、法律雑誌『ジュリスト』853号（1986年2月）に、「裁判官の国語力は中学生並だな」という題のコラムを書きました。「先ごろ私は、ささやかな民事訴訟に巻き込まれたおかげで、日本の裁判官や弁護士を養成する司法研修所の先生がたの国語能力がせいぜい中学生並だということを発見した。」という一文からはじまる、法律家にとってはかなりショッキングな文章です。このなかで鎮目さんは、「『各自』と『連帯して』の区別をつけない頭では、高校の入学試験でさえ、国語と数学では落第確実だ」と怒りをあらわにしています。

これに対して、元東京高裁判事の倉田卓次さんが反論しました（『続　裁判官の書斎』、1990年）。鎮目氏を「裁判制度理解は中学生並といえよう」と厳しく批判し、法律学には独特なことばの使い方があり、「自分の常識的用語法と違うからといって、法律家の国語力を疑ったら、疑う人のほうが笑われるであろう」「他人の仕事への謙虚さがあったら…（中略）…裁判官に誤った判決の書き方を得々とお説教して恥をかくという、滑稽な悲惨に堕することは免れたであろうに」と書いています。

90万円支払わされた鎮目氏がブチギレなら、国語力を問われた倉田氏も逆ギレして応酬しているようにみえます。とはいっても、倉田氏は、素人が誤解しやすいという鎮目氏の指摘は、「裁判実務家に反省を迫るものを含む」と反論を終えています。

この論争の勝敗を判定することは、あまり意味がないでしょう。ただ、「他人の仕事への謙虚さ」が必要であることはもちろんですが、法の世界というガラパゴス的世界にたてこもって、「一般人は理解がない」などと嘆いていればすむ時代ではなくなってきたことは、たしかだと思います。

「減軽」は変換ミス？

キーワード
減軽・減刑
情状酌量　恩赦

クイズ

次の文のカタカナの箇所を、正しい漢字で書いてみましょう。

情状酌量によりゲンケイされ、懲役五年の判決が出た。

同音異義語がともかく多い日本語。「ゲンケイ」も変換キーを押すと、「減刑」「減軽」「厳刑」「原型」「元型」と、五つも出てきました。それぞれ、どんなときに使うか、わかりますか？

解答　「減軽」

法の世界でややこしい同音異義語としてよく話題になるもののひとつに、「減刑」と「減軽」があります。「刑を減らす」という意味から、「情状酌量」とあると「減刑」だろう、と思ってしまうかもしれませんが、これはまちがいです。「減軽」のことを「減刑」と勘ちがいしている人も多いのではないでしょうか。「減軽」は「減刑」の変換ミスなんかじゃないんです。

「減刑」は、「恩赦」の一種です。「恩赦」というのは、刑が確定し、すでに刑の言い渡しを受けている者に対して、刑を軽くすることです。要するに、刑務所のなかにいる人が、予定より早く出てこられることをさします。これは、国家的慶事などに際して、内閣が決定し、天皇が認証しておこなうことが憲法で定められています。

一方の「減軽」は、裁判官が刑を言い渡すときに言及するものです。法律上の理由、または裁判官の判断により、法律に定められている刑罰よりも軽くすることをさします。法律上の理由というのは、心神耗弱（P89）とされる場合や自首した場合などがあります。

裁判官の判断による減軽は「酌量減軽」と呼ばれます。冒頭のクイズのような、「情状酌量により…」というのは、この酌量減軽です。「情状酌量」は、「遅刻の常習犯には情状酌量の余地なし！」などと、日常の会話の中でも使われることがありますね。法廷のことばが日常生活に進出しているめずらしい例です。「情状酌量」というのは、犯罪者のおいたちや、おかれた状況など、同情すべき要素をくみとって判断することをいいます。

注目を集めた裁判の判決が出ると、「減刑に疑問！」「情状酌量による減刑に」などと、誤植（あるいは誤解）のある新聞の見出しを目にすることがあります。ネット上の記述などは目も当てられないありさまです。しかし、このような状況を、「法律を知らないなあ」などと嘆いてみてもしかたがありません。

日本の法の世界は、文書中心主義、書面中心主義で、長いあいだやってきました。「口頭弁論」といいながらも、実際には文書の交換が裁判の中心になっていることもめずらしくありません。そんな裁判であれば、「減刑」と「減軽」も文書を見ればちゃんとわかったのです。

しかし、その環境は変わろうとしている、あるいは、変わることが求められています。裁判員制度の導入は、法廷を文書交換の場から議論の場へ、書きことばの世界から話しことばの世界へと、大きく転換するきっかけとなりうるものです。被告人、検察官、弁護人、裁判官のやりとりは、いっしょうけんめい正しい判断をしようとしている裁判員が、耳で聞いてわかるものでなくてはなりません。また、裁判員と裁判官による評議も、もちろん、話しことばでおこなわれます。「ゲンケイ」のような同音異義語の氾濫は、正確なコミュニケーションのさまたげとなることでしょう。

法の世界に同音異義語が多いのは、西欧の法概念を取り入れたときに、膨大な数の漢語を使って、これまで日本になかった概念をなかば強引に日本語化しようとしたことが原因です。それから一〇〇年以上たち、日本でも西欧流の裁判制度がほぼ定着しました。その中身をよりよいものとしていくために、法廷におけることばのありかたを、国民みんなで考えていかねばならない時が来ているのでしょう。

【法廷ことばミニ辞典】

法律は同音異義語の見本帖

法律は同音異義語だらけ。書面交換裁判ならば漢字を見れば意味は伝わりますが、耳で聞いて判断するとなると、誤解やまちがいの元になります。ここでは、法の世界の代表的な同音異義語を紹介します。

科料・過料　「科料」は刑法に定められた刑罰のうち、もっとも軽いもので、金額は千円以上一万円未満です。一方、「過料」は刑罰ではなく行政処分で、額は法律によってまちまちです。「とがりょう」「あやまちりょう」と読み分けられることもあります。

規定・規程　個々の法律の条文の定めをさすときに使われるのが「規定」。ある目的をもった一連の条項のまとまりを総体としてさすのが「規程」です。

強迫・脅迫　「強迫」は民法などで使われることば、「脅迫」は刑法上のことばです。

「強迫」は他人をこわがらせることによって、自由な意思表示をさまたげることを意味します。「強迫」によって成立した取引は「取消し」（P87）の対象となります。一方、「脅迫」は、相手の意思表示うんぬんにかかわりなく、相手をこわがらせる行為そのものを処罰対象とするものです。

権限・権原　「権限」は、ある行為をすることのできる限界のこと。「権原」は、一定の法律行為（契約など）を正当化する法律上の原因のことをさします。

詐欺・詐偽　どちらも「さぎ」と読みます。「詐欺」は誰かをだまして錯誤におとしいれること。刑法の「詐欺罪」はこっちです。一方、「詐偽」は、うそ、いつわりということで、相手を錯誤におちいらせるという意味は含みません。

医療のことばと法廷

キーワード
寛解　誤嚥　浸潤…
簡易鑑定　正式鑑定
責任能力　責任無能力

クイズ
次のことばの意味を説明してみましょう。
①寛解　②誤嚥　③浸潤　④予後　⑤生検　⑥譫妄

これらは、もっと日常的なことばで言い換えたほうがよい医療用語の例として、国立国語研究所が「『病院の言葉』を分かりやすくする提案」の中間報告（二〇〇八年十月）で公表したものです。たしかに、病院で医師が使うことばは難解な専門用語も多く、患者はただでさえ不安なのに、よくわからない用語のためにさらに不安が増してしまう、ということもあるでしょう。患者が納得のいく医療を受けるためには、わかりにくい医療用語をどうするかは大きな課題です。

この言い換え提案のような取り組みがなされる背景には、患者主体の医療が求められる時代になった、ということがあるのだと思います。この点は、裁判員制度開始を受けて、法廷のことばをわかりやすく説明することが求められるようになってきた法の世界と、状況がとてもよく似ています。

☞ 解答

①寛解《かんかい》…症状が一時的に軽くなったり、消えたりした状態。このまま治る可能性もあるが、再発することもある。病気が完全に治った状態だと誤解されることがある。

②誤嚥《ごえん》…食べたり飲んだりした物が、食道ではなく気管に入ってしまうこと。異物を飲み込んでしまうこと（＝誤飲）と誤解している人がいる。

③浸潤《しんじゅん》…癌がまわりに広がっていくこと。

④予後《よご》…今後の病状についての医学的な見通し。

⑤生検《せいけん》…患部の組織の一部を、麻酔をしてからメスや針などで切り取って、顕微鏡などで調べる検査。

⑥譫妄《せんもう》…病気や入院による環境の変化などで脳の働きがうまくいかなくなり、興奮して、話すことばやふるまいに一時的に混乱が見られる状態。

さて、ここで話題を法廷に戻しましょう。法の世界にも医療の世界と同様、独特のわかりにくいことばがはびこっていますが、裁判員制度の準備のために、その状況を改善するためのさまざまな努力もなされています。裁判員を加えた模擬裁判を傍聴していると、従来の裁判とくらべてずいぶんわかりやすくなったなあと感じます。

ところが、法律家たちが努力をしてできるかぎりやさしいことばを使っても、それで一件落着とはいきません。法廷でしゃべるのは、法律家だけではないからです。ここで問題となるのが、証人として法廷に出てくる、医師などの専門家です。

法廷に出てくる専門家証人には、当然、専門的な見解が求められるため、難解な用語がちりばめられた、きわめてわかりにくい説明が、延々とつづくことになりがちです。検察官や弁護人は、その説明をさえぎることなく、黙ってじっと聞いています。長くてむずかしい説明は、傍聴席で聞いているのも退屈ですが、裁判員にとってもきっと同じでしょう。提出される鑑定書なども、専門用語がぎっしりつまった、非日常的な文書になっています。裁判員になると、そのような専門家証人の説明や提出文書をもとに、判断を下さねばならないのです。

具体例をあげましょう。

裁判員の加わった模擬裁判で次のような事件がありました。（模擬裁判といっても、実際に起こった事件をもとにして、検察官と弁護人が本当に議論をたたかわせ、裁判官と裁判員が判決を下す、かなりリアルなものです。）

統合失調症の被告人が、レンタカーの貸し借りをめぐるトラブルからレンタカー会社社員を刃物で刺して死亡させました。裁判の焦点は被告人に責任能力があるかどうか、という点に絞られました。責任能力とは、善悪を判断し、その判断に従って自分の行動をコントロールできる能力のことです。被告人に責任能力がなかった（責任無能力）と判断されれば、無罪になります。責任能力がある程度認められれば（限定責任能力）、犯罪が成立するので処罰の対象となりますが、刑は軽くなります。検察側は限定責任能力を主張し、弁護側は責任無能力を主張していました。

この事件で裁判員を迷わせたのは、二つの異なった見解の精神鑑定書が出されたことです。ひとつは、起訴される前に捜査機関（警察）がおこなった簡易鑑定。もうひとつは起訴後に弁護士が要求し、裁判所が認めておこなわれた正式鑑定です。この事件では、簡易鑑定は限定責任能力を認めており、正式鑑定では責任無能力と認定していました。

簡易鑑定は、かんたんな知能検査と二時間足らずの面接で判断した鑑定でした。とはいっても十ページにもわたっていますが。一方、正式鑑定は、七日間にわたって、身体検査やさまざまな心理テストを実施した結果です。こういうと、正式鑑定のほうが信用できるように感じるかもしれません。でも、責任能力があるかどうかは、実際にその犯罪をおこなった時点でどうだったかが問題であり、裁判を受けている時点の問題ではありません。そういう点では、犯罪行為の直後により近い簡易鑑定の判断も無視できません。

結局、この裁判では、簡易鑑定の結果のほうが重視され、被告人は有罪となりました。簡易鑑定も正式鑑定も、専門家である精神科医の鑑定です。それがくいちがっていたときには、きわめて専門的な鑑定書の中身を裁判員が吟味し、他の証拠とも合わせたうえで、総合的な判断を下さなければならないわけです。素人である裁判員にとって、負担はけっして小さくありません。

判断のむずかしさを増しているのが、鑑定書のなかのことばです。例として、この事件の鑑定書のなかで、私がむずかしいな、と感じた箇所をあげてみましょう（傍線引用者）。

感情鈍麻や意欲低下などの陰性症状も認められる

一時的には完全に幻覚や妄想が消褪するような期間（寛解期）がある場合もある

弁織にしたがって行為を制御する能力を完全に失っていた

精神活性物質の使用や器質性脳疾患が否定される

考想化声、考想吹入あるいは考想奪取、考想伝播（鑑定書に添えられた別紙資料より）

「『病院の言葉』を分かりやすくする提案」に出ていた「寛解」が使われていますね。「陰性症状」「消褪」「弁織」なども、一般にはあまりなじみのないことばでしょう。

医療のことばをわかりやすくすることが、患者とのコミュニケーションにとって重要なのは明らかですが、それは法廷でも求められることです。医学界と法曹界、そしてことばの研究者が連携しあって、法廷における医療のことばを考えていくことも必要ではないかと思います。

【法廷ことばミニ辞典】

「能力」にもいろいろ

「能力」を国語辞書で調べてみると、「物事を成しとげることのできる力」などと出ています。「高い能力を買われてプロジェクトリーダーに抜擢される」というときは、その人は仕事を推し進め成しとげる力があると認められたのでしょう。ところが、法の世界の「能力」はちょっとちがいます。たとえば、「責任能力」は？　「証拠能力」は？　何を成しとげる能力でしょう？　法の世界における「能力」のいろいろを紹介しましょう。

責任能力　自分の行動に責任を負えるような精神状態のことを「責任能力がある」、そうでない場合を「責任無能力」（「無責任能力」ではありません！）と呼びます。心神耗弱（P89）などで、完全には責任を負えない状態を「限定責任能力」といいます。

証拠能力　裁判で取り調べを受ける対象として、証拠が適格であることを「証拠能力がある」といいます。強制されたり誘導されたりした自白などは「証拠能力がない」というわけです。似たことばに「証明力」（民事の場合は「証拠力」）ということばもあります。これは、信用できない人の証言などを「証明力が弱い」などといいます。証拠がどの程度信頼できるかを表すもので、証拠能力とは区別されます。

行為能力　法律行為を単独でおこなえる法律上の資格。未成年者などは行為能力を制限されます。

権利能力　法律上の権利義務の主体となることができる資格。自然人（P55、生身のヒト）と法人に対して認められています。人が生まれながらもつ資格。

甲子園と拘留場

キーワード
仮出場　仮出獄
仮釈放　仮出所

母校がついに、念願の甲子園出場を果たした。

「出場」の意味を国語辞書で調べてみると、「競技・演技などをするために、競技会や催し物に出ること。」(明鏡国語辞典) とあります。右の例もまさにそのような意味です。奮闘努力の甲斐あって、それぞれの地元から甲子園球場にやってきて、晴れがましい舞台にのぼった選手たち。その堂々とした姿が目に浮かびます。しかし、法の世界で「出場」してくる人々の思いは、もう少し複雑なものかもしれません。刑法には、次のように「出場」が出てきます。

拘留に処せられた者は、情状により、いつでも、行政官庁の処分によって仮に出場を許すことができる。
(刑法三〇条)

拘留というのは、一日以上三十日未満のあいだ、身体の自由をうばわれて拘留場 (刑事施設) に入れられる、比較的軽い刑罰です (P103)。したがって、この場合の「出場」の「場」は、拘留場をさしているわけです。甲子園や吹奏楽全国大会への「出場」とは、天と地の差ですね。
拘留されている人は、情状が認められると「仮出場」が許される、というのが刑法三〇条の内容です。「仮」とはいっても、この処分は取り消されることはないので、実質的には、拘留場とおさらばできることになります。

これとよく似たことばに、「仮出獄」があります。これは、懲役または禁錮（P103）の刑を受けた人が、地獄ならぬ「監獄」から仮に出てくることです。

ちょっと脱線しますが、「監獄」というのも、なんともすさまじい名称ですね。特に「獄」のあたりが。これは、具体的には、拘置所・少年刑務所・刑務所などをひとまとめにして呼ぶ名称です。明治四十年（一九〇七年）制定の「監獄法」が平成十九年（二〇〇七年）に廃止され、「監獄」という呼び名も「刑事施設」に改められました。

話を戻しましょう。懲役と禁錮は、拘留と比べると期間が長く、重い刑です。したがって、仮出獄には仮出場とちがって、さまざまな条件がつきます。一定期間以上刑務所ですごしたうえで、改悛の情（あやまちを悔い改め、心を入れかえようというきもち）があることが必要です。刑務所を出たあとも、保護観察といって、一定の監督下におかれます。もし罪を犯せばすぐに仮出獄は取り消され、刑務所に逆戻りです。

「仮出場」と「仮出獄」は、同じ「仮」でも大ちがい。「仮出場」の「仮」が実質的には名前だけなのに対して、「仮出獄」はほんとうに「かりそめの」出獄だといえるでしょう。

　そしてもうひとつ、似たことばに「仮釈放」もあります。これは、「仮出場」と「仮出獄」を合わせてさすときに使います。

　このように、法律では、刑の重さに対応させて、拘留に対して「仮出場」、懲役・禁錮に対して「仮出獄」があり、さらに、それらをひとまとめにした「仮釈放」という用語もあって、それぞれ厳密に使い分けられているわけです。

　さらに、「仮出所」ということばも聞いたことがあるかもしれません。これは、法律には出てこないことばで、「仮出場」や「仮出獄」のことを意味する、いわゆる俗称です。この「出所」の「所」は、たぶん「刑務所」や「拘置所」の「所」なのでしょう。

　というわけで、俗称も入れると、「仮出場」「仮出獄」「仮釈放」「仮出所」という、四種類の類義語があるわけです。娑婆《しゃば》に「出てくる」ことひとつとっても、なんともややこしいことです。

仮出場	仮出獄	仮釈放	仮出所
「拘留」の刑をうけていた人が、情状を認められ、拘留場から出てくること。取り消されることはない。	「懲役」「禁錮」の刑を受けていた人が、改悛の情を認められ、仮に刑務所から出てくること。保護観察の対象となり、取り消されることもある。	「仮出場」と「仮出獄」の二つをあわせてさすことば。	俗称。「仮出場」や「仮出獄」のことをさす。

【法廷ことばミニ辞典】

この意味わかる？　法廷の難語

法の世界のヘンテコなことばは、この小さな本で紹介しきれるものでもありません。とりわけ奇妙な難語のなかから、ほんの数例をお目にかけましょう。

吸食《きゅうしょく》　アヘンを吸うことを刑法では「吸食する」と表します（一三七条など）。「給食」ではありません。

蔵匿《ぞうとく》　場所を提供して犯罪者などをかくまうことをさします。

強談威迫《ごうだんいはく》　相手を従わせようと強引に強い調子で談判し脅すことです。

付和随行《ふわずいこう》　定まった主義・主張をもたず、ただ他人の言動に同調して行動することをいいます。

欺罔《ぎもう》　人を錯誤におとしいれることをさします。

踏面《ふみづら》　階段の一段の水平の面、足で踏みつける面のこと。建築基準法施行令に寸法の定めがあります。

牙保《がほ》　盗品の売買・質入などを周旋すること。

贓物《ぞうぶつ》　犯罪によって他人の財産をうばって手に入れた物のこと。盗品など。

欠缺《けんけつ》　ある要件が欠けていること。口語化された民法では「欠けているもの」「欠陥」などと言い換えられましたが、つい最近まで使われていました。

出捐《しゅつえん》　自分の財産を出し、他人に財産上の利益を与えること。

既判力《きはんりょく》　一度判決が確定すれば、その後同一の事件が訴訟上問題となっても、当事者はこれに反する主張をすることはできず、裁判所もそれに抵触する内容の裁判ができないという拘束力のことをいいます。

苦しいこじつけ温情判決

キーワード
尊属殺人罪
尊属・卑属

法の世界は論理、理屈の世界。これまでも、日常のことばとはかけ離れた、厳密な使い分けや意味の細分化の様子をみてきました。しかし、そのような無機的な法を使って人を裁くのは、血の通った人間である裁判官、そして裁判員です。ここでは、裁判官が無味乾燥な法律の条文の解釈を最大限工夫することによって、できるかぎり温情ある判決を出そうとした例を紹介します。

昭和二八年（一九五三年）のこと。炭鉱労働者と結婚した赤須ナミコ（仮名）は、夫に先立たれ、四男一女の乳幼児とともに残されました。そこへ、亡くなった夫の父親、義父の市太郎（仮名）が転がりこんできて、同居することになりました。ところが、この義父がとんでもない人物だったのです。酒癖が悪く横暴で、実の娘を遊郭に売り、酒色におぼれる生活をしていました。彼はナイフを突き付けてナミコを暴行し、殴る蹴るの暴力をくり返し、彼女をいかがわしい店で働かせました。また、ナミコの生後八か月の四男にも、暴力をふるいました。ナミコは度重なる暴力に耐えかね、自分や子どもたちの生命の危機を感じて、着物の帯で義父の首をしめました。

当時の刑法の殺人罪は、死刑または無期もしくは三年以上の懲役で、執行猶予の可能性もあります。しかし、そのころは、「尊属殺人罪」という規定が別にあり、義理の父を殺した場合は尊属殺人ということになっていました。尊属殺人はふつうの殺人罪より重く、死刑か無期懲役です。つまり、三年以上の有期懲役という選択肢がないのです。ナミコも当然、尊属殺人罪の対象となるところでしたが、それを適用するにはあまりにも悲惨な彼女の境遇でもあります。

さて、みなさんが裁判員、あるいは裁判官だったら、どんな判決を下しますか？　正当防衛が適用できないか、と考えるかもしれませんね。しかし、最初の暴力のときのとっさの行動であれば正当防衛が成立したかもしれませんが、市太郎の暴力は五か月間にもわたっており、この場合は適用できなかったようです。尊属殺人罪となれば、死刑、軽くても無期懲役で、幼い四人の子どもたちは母親なしで生きていくことになります。

ここで、尊属殺人罪についてざっと解説しておきましょう。条文は次のようなものです。

自己又ハ配偶者ノ直系尊属ヲ殺シタル者ハ死刑又ハ無期懲役ニ処ス　（刑法二〇〇条、当時）

「尊属」というのはなじみのないことばですが、父母、祖父母、おじ・おばなど、自分からみて親と同列かそれより上の世代の親族をさします。対義語は「卑属」で、自分の子どもや孫、おい・

めいなどをさします。親や祖父母など、自分より目上の肉親を殺すことに対して重罰を科す、というのが尊属殺人罪です。古代中国の律令に由来し、儒教道徳の色が濃厚に表れている考え方だといえるでしょう。日本では、中国の律令に範をとった大宝律令（七〇一年）が、尊属殺人をもっとも重い罪のひとつとして以来、刑事法の伝統となってきたものです。

当時の裁判官は、なんとかして、ナミコにこの尊属殺人罪ではなく、通常の殺人罪を適用し、かつ、執行猶予をつけようとしました。しかし、そのためには、法律解釈上の説得力のある理由がいります。そこで裁判官は、かなり苦しい解釈をひねりだしました。ナミコの夫が死亡している以上、市太郎はナミコの直系尊属ではなくなっている、というのです。そして、

公務員又ハ仲裁人タリシ者其在職中…（刑法一九七条の三、加重収賄及び事後収賄、当時）

自己の配偶者…（略）**…又は自己とこれらの親族関係があった者…**（近親者の刑事責任と証言拒絶権、刑事訴訟法一四七条）

など、法律において過去の身分関係を含む場合は、「タリシ」や「あった」と表示して、過去であることを明確に記述している。二〇〇条には「尊属タリシ」とは書いていない。だから、ナミコには尊属殺人罪は適用できない、というのです。どうですか、納得のいく説明でしょうか？

もう一つ、課題がありました。民法には次のような規定があります。

第七二八条①姻族関係は、離婚によって終了する。
②夫婦の一方が死亡した場合において、生存配偶者が姻族関係を終了させる意思を表示したときも、前項と同様とする。

夫が亡くなった場合、妻が意思表示をすれば、親族関係を終了させることができるのです。これをしなかったナミコの責任はどうなのだ、という点です。

この点を、裁判官は、ナミコがこの民法七二八条を知らなかったから、届け出なかったのだ、という理屈で切りぬけました。そして、「死んだ配偶者の尊属の殺人は、生きている配偶者の尊属ほど親近感がないので、尊属殺人罪を適用するほどのことではない」とも述べています。

こうして、ナミコには一九九条の殺人罪が適用され、懲役三年、執行猶予三年の判決が出されました。しかし、「タリシ」うんぬんという議論は、どうにもこじつけとしか思えません。例としてあがった、収賄や証言拒絶権についての規定は、かつてその立場にあった人の影響力を考慮して、「タリシ者」「あった者」という記述があるのでしょう。尊属殺人をそれといっしょに論じてよいものでしょうか。ともあれ、温情を示した裁判官のきもちはわかります。

同じような尊属をめぐる悲惨な事件は、ほかにもいくつかありました。昭和四三年（一九六八年）には、実の父親から暴力や虐待を受け、そのあいだに五人も子どもをもうけさせられた娘が、実の父親を殺害するという事件が起きました。この場合は、実の親子ですので、「すでに尊属ではなくなっている」というナミコの場合の理屈は使えません。この事件は、次のような経過をたどりました。

〈地　裁〉…刑法二〇〇条の尊属殺人罪は「すべての国民は、法の下に平等」という憲法十四条に違反すると判断、刑法一九九条殺人罪を適用し、過剰防衛、心神耗弱、自首で刑を免除
〈高　裁〉…刑法二〇〇条は合憲と判断、無期懲役を最大限減軽して、懲役三年六か月の実刑判決
〈最高裁〉…刑法二〇〇条を違憲と判断、一九九条の殺人罪を適用し、懲役二年六か月、執行猶予三年の判決

こうして、刑法二〇〇条「尊属殺人」はついに違憲となりました。それでも、一部の議員の反対もあり、平成七年（一九九五年）の刑法改正まで残っていましたが、検察庁は、実父殺人事件や義父殺人事件を、刑法一九九条の殺人罪で起訴し、実質的に削除と同じ扱いになっていました。紹介した二つの判決は、「初めに結論ありき」だったのでしょう。理由づけに法的根拠を求めたものの、うまく見つからないときの裁判官の苦しさが、よくわかります。最後の切り札として、「違憲」で乗りきったというわけです。法律をつくる立場の人々には、ぜひ、広い視野から、将来の社会倫理に反することのないような、先見性ある法律を考えてもらいたいものです。そして、その人々を選ぶのも、法律を運用の場（裁判など）で運用するのも、私たち市民なのです。

E s s a y

裁判員のいない裁判

これまでの裁判に、裁判員はいませんでした。裁判員制度開始後も、重大事件以外の刑事裁判や民事裁判は、これまでどおり、専門の裁判官だけが判決を下す裁判が続きます。裁判員制度のよしあしはいろいろ議論されていますが、ここでは「裁判員のいない裁判」とはどんなものなのか、お伝えしておきましょう。

まず、私自身が身近に体験した刑事裁判です。数年前、実母の知人が殺されるという事件がありました。元証券マンが借金の返済に困り、顔見知りでひとり暮らしだった被害者を襲って殺し、死体を遠く離れた山中で焼いて捨てるという凶悪な事件でした。

法廷では、検察官が冒頭陳述や証拠調べ関連の分厚い書類を小一時間かけて読み上げました。棒読みで、傍聴席からでは声も聞き取りにくく感じました。弁護人は冒頭陳述をせず、検察官の「殺意をもって」という点に異議を唱え、「殺意は当初はなかった」と主張して争うという姿勢を見せている程度でした。傍聴人のなかで被害者とそれほど深い関係にない人は、検察官の棒読みを聞いているうちに舟をこぎだし、遺族のすすり泣きを聞いてあわてて目を覚ます、といったありさまでした。

一方、民事裁判では、そもそも棒読みすらないことが多く、審理が5分程度で終わることもめずらしくありません。民事裁判では刑事裁判の公判にあたるものを「口頭弁論」と呼びますが、口頭でのやりとりは少なく、書類交換で終わることもよくあります。

裁判官：　原告代理人、訴状を陳述されますね。

原告代理人（弁護士）：　陳述いたします。

裁判官：　被告代理人は、答弁を陳述されますね。

被告代理人（弁護士）：　はい、陳述いたします。

この「陳述いたします」の後に、実際のことばがつづくわけではありません。たいてい、陳述の内容をまとめた書類があらかじめ交換され、手元に積んであるので、あくまでも形式的なセリフなのです。

裁判員制度は、はたして、このような「ガラパゴス的状況」を変えるきっかけになることができるでしょうか。

半世紀前の法廷ことば論争

法廷のことばのありかたについて議論が起こったのは、裁判員制度開始を前にした今回だけではありません。かつて、「裁判官の国語力は中学生並だな」という衝撃的なタイトルのコラムが雑誌に載り、論争になったことには触れました（P147）。ここでは、本書のしめくくりとして、半世紀前に雑誌上でおこなわれた、言語学者vs.法制局長官のバトルを紹介しましょう。

まず、口火を切ったのは、言語学者、大久保忠利さんです。大久保さんは雑誌『法学セミナー』に「法令用語を診断すれば——構文法から見た法律文章のわかりにくさの分析」という記事を寄せました（一九五九年二月号）。これは、法律の文章の構文上の「病」を、実際の法律案をもとに指摘し、代案を示す、という内容でした。大久保さんが指摘する「病」とは、次の五つです。

①長文病
②修飾語句長すぎ病
③主述はなれ病
④省略文素無意識病

⑤条件文のやたらはさみこみ病

これらを実際の法律案をもとに説明した後の、大久保さんの意見は、次のようなものです。

法律家や法律学生たちは、ただ法律そのものを勉強する以外に、こうした「病気だらけの文章」を骨を折って読解させられているのです。だから、普通の人間には、法律がてんでお手あげなのもあたりまえです。

なかなか辛辣ですね。ただ、主張されていることはちっとも古びていません。私たち一般市民が法律に親しみを感じられない理由を、端的に指摘されているように感じます。

①の長文病、②の修飾語句長すぎ病、③の主述はなれ病（主語と述語が離れすぎているということ）、⑤条件文のやたらはさみこみ病は、いずれも関連するものです。③は①の言い換えといえますし、②⑤はその原因です。⑤は本書の「接続詞の迷宮⑴⑵」で触れた内容と関連が深いものですし、長文であること、主語と述語が離れすぎていることは、「公訴事実」の特徴として解説しました（P128）。大久保さんのいう法律の文章の「病」は、法律だけでなく、法廷で使われることば全般に当てはまるといえそうです。

④の省略文素無意識病は、ちょっと解説が必要でしょう。大久保さんが出している例は、こういうものです。

通常必要と認められる措置　→誰が認めるのか？
危険な事態の発生が予測されるとき　→誰が予測するのか？
管理者その他関係者に必要な警告を発し　→誰にとって必要なのか？

このように、「誰が」「誰にとって」という点を、大久保さんの考えでは、無意識に省略することによって、あいまいな文になっていることが問題だというのです。たとえば、「現場に居合わせた警察官が必要と認める措置」ということならば、「警察官が」と明記すべきだ、ということです。大久保さんは、このような考え方にしたがって、法律案を修正した例を示しています。

これに対して反論したのが、法制局長官の林修三さんです。林さんは、同じ雑誌の次の号に「法文作りの立場——大久保氏の『診断』読んで」という記事を寄せました。ここで、大久保さんがあげた法律案は「もともとあまり出来のいい法文ではなく、たしかに大久保氏の指摘するような点をもっている」としつつも、まず、長文病とそれに関連する主述はなれ病などについて、そうなっている理由を次のように述べています。

(1)法文の表現をより正確なものにするため
(2)新憲法（日本国憲法）の趣旨に従い、相当こまかい条件や手続を法律に示しているため
(3)法文を読みやすくするため
(4)社会現象、経済現象の複雑多岐化に伴って、法令も複雑、詳細にならざるを得ないため

林さんは、「その結果、法文をかえって分かりにくい、読みづらいものにしては何もならない」として、やたらと長文にならないように工夫することはもちろん大切だ、としています。

おもしろいのは、⑶ですね。法律の専門家からすると「読みやすく」したつもりなのに、それが、外の世界の人からは、「読みにくさ」の代表としてやり玉にあがってしまうというパラドックス。

このように述べたうえで、林さんは、大久保さんが掲げた修正案の誤解や不正確な点を指摘していきます。④の省略文素無意識病については、林さんは「明らかな誤解または曲解」だとしています。「通常必要と認められる措置」という受身になっているのは、「客観的に健全な社会通念に従って判断されなければならないという意味」であり、「警察官が」などと主語を補うと、まったくちがった意味になってしまうというのです。

たしかに、法律の文章を眺めてみると、受身の文が多いなあと感じるでしょう。法律家は「誰に責任が生じるのか」という点にとても敏感です。主語をはっきり示すと、その人に責任があるという意味になり、法律の効果がねらいとは別のものになってしまうことがあります。主語を明示していない箇所は、おそらく、無意識ではなく、意識的に主語を示さず、受身で表しているのではないかと思います。そのときに、判断の基準となるのが、「健全な社会通念」ということなのです。じゃあ、「健全な社会通念」ってなあに？　ということになって、それはそれで、大きな問題に発展しそうです。

いずれにせよ、林さんのおっしゃりたいことは、法律はなにも好きこのんで悪文にしているわけではない、正確さを追求し、必要性があって、細心の注意を払った結果、あのような文章になっているのだ、ということでしょう。そして、それは一面の真実だと私も思います。

この法制局長官の反論に対し、大久保さんは正面から答えることはせず、五月号に「判決文の『つづり方教室』——判決文はわかりやすく書く必要はないものか」という記事を書きました。批判の対象を法律の文章から判決文に移し、ここにも、法律の文章で指摘したのと同じ、五つの「病」があらわれていると指摘しています。

当事者がどう感じていたかはともかく、このような論争は、社会にとってとても意味のあることではないでしょうか。法律の専門家と、法の外の世界の人とが、忌憚のない意見を述べ合い、知恵を出し合って、そのなかから、よりよい法のことばをつくりあげていく。そういう建設的な議論がもっともっと必要だと思います。裁判員制度の開始という大きな変革期を迎えた現代こそ、こうした開かれた議論が必要ではないでしょうか。半世紀前の論争ですが、いまでも色あせず、私たちに多くのことを語りかけてきます。

参考文献

井上薫『判決理由の過不足』法学書院、一九九八年

大河原眞美「裁判員制度の機能化」棚瀬孝雄編著『市民社会と法』ミネルヴァ書房、二〇〇七年

大河原眞美「司法言語のバリアフリー化」『言語』二〇〇六年七月号 特集「ことばのバリアフリー」、大修館書店

大河原眞美『市民から見た裁判員裁判』明石書店、二〇〇八年

倉田卓次『続 裁判官の書斎』勁草書房、一九九〇年

竹内昭夫・松尾浩也・塩野宏編『新法律学辞典 第三版』有斐閣、一九八九年

田島信威『最新 法令の読解法 三訂版』ぎょうせい、二〇〇六年

田中英夫編『英米法辞典』東京大学出版会、一九九一年

日本弁護士連合会 法廷用語の日常語化に関するプロジェクトチーム 編『裁判員時代の法廷用語』三省堂、二〇〇八年

同 編『やさしく読み解く 裁判員のための法廷用語ハンドブック』三省堂、二〇〇八年

林大・山田卓生編『法律類語難語辞典 新版』有斐閣、一九九八年

林修三『法令用語の常識』日本評論社、一九五八年

法曹会『似たもの法律用語のちがい 三訂補訂第二版』法曹会、二〇〇〇年

法令用語研究会編『有斐閣 法律用語辞典 第三版』有斐閣、二〇〇六年

前田雅英監修『裁判員のためのよく分かる法律用語解説』立花書房、二〇〇六年

松尾浩也「刑事訴訟の課題」松尾浩也・井上正仁編『刑事訴訟法の争点 第三版』有斐閣、二〇〇二年

松本恒雄・三枝令子・橋本正博・青木人志編『日本法への招待 第二版』有斐閣、二〇〇六年

『日本語学』一九九四年一月号 特集「判決文」、明治書院

Black's Law Dictionary. sixth edition (1990) West Publishing.

Tiersma.Peter.(1999)*Legal Language*. Chicago University Press.

さくいん

[著者紹介]

大河原　眞美（おおかわら　まみ）

高崎経済大学教授・地域政策学部長。日本弁護士連合会 裁判員制度実施本部 法廷用語の日常語化に関するプロジェクトチーム外部学識委員。わかりやすい司法プロジェクト座長。家事調停委員。上智大学外国語学部英語学科卒業。ウィスコンシン大学マディソン校文学修士（日本語・英語言語学）。シドニー大学文学博士（法言語学）。

現代アメリカで18世紀の生活様式を堅持しているアーミッシュの言語使用の実態を研究するうち、アーミッシュが当事者となった訴訟を目の当たりにする。それを契機に裁判に関心をもち、「裁判もおもしろいが裁判で使われる言葉はもっとおもしろい」と、法言語学の観点から研究をおこなう。主な著書に、『市民から見た裁判員裁判』（明石書店、2008年）、『裁判からみたアメリカ社会』（同、1998年）など。

裁判《さいばん》おもしろことば学《がく》

NDC 814 ／ 175p ／ 19cm

初版第１刷――2009年2月20日

第２刷――2009年6月20日

著　者――大河原《おおかわら》 眞美《まみ》

発行者――鈴木一行

発行所――株式会社大修館書店

〒101-8466 東京都千代田区神田錦町 3-24

電話 03-3295-6231（販売部）/03-3294-2354（編集部）

振替 00190-7-40504

[出版情報] http://www.taishukan.co.jp

装丁・本文デザイン――鳥居　満　　表紙・とびらイラスト――クリヤ セイジ

印刷所――広研印刷

製本所――三水舎

ISBN978-4-469-22198-5　　Printed in japan